हरयाणवी: बोली से भाषा तक का भाषाई सामर्थ्य

(भाषाई सामर्थ्य, मानकीकरण एवं सामाजिक स्वीकृति — एक शोध)

(Haryanvi: From Boli to Bhasha — Linguistic Capacity)

A Study of Linguistic Capacity, Standardization, and Social Acceptance

A Linguistic and Sociolinguistic Research Study

लेखक / Author
आनन्द कुमार आशोधिया
(Anand Kumar Ashodhiya)
(कवि, लोक-संस्कृति संरक्षक एवं साहित्यिक विश्लेषक)

प्रकाशक / Publisher
स्वप्रकाशित — आनन्द कुमार आशोधिया
(Self-published by Anand Kumar Ashodhiya)

स्थान: शाहपुर तुर्क, हरियाणा

प्रथम 2026

कॉपीराइट/COPYRIGHT

हरयाणवी: बोली से भाषा तक का भाषाई सामर्थ्य

(भाषाई सामर्थ्य, मानकीकरण एवं सामाजिक स्वीकृति — एक शोध)

Haryanvi: From Boli to Bhasha — Linguistic Capacity

(A Study of Linguistic Capacity, Standardization, and Social Acceptance)

लेखक / Author: Anand Kumar Ashodhiya (आनन्द कुमार आशोधिया)

विवरण / Publication Details:

- **ISBN: 978-93-5912-062-1**
- **विषय / Category:** भाषा विज्ञान, समाज-भाषा विज्ञान, लोक-साहित्य
- **प्रकाशन वर्ष / First Published:** 2026
- **प्रकाशक / Publisher:** स्वप्रकाशित (Self-published) **— Anand Kumar Ashodhiya**
- **प्रकाशन स्थल / Place of Publication:** शाहपुर तुर्क, हरियाणा (भारत)

अकादमिक संदर्भ हेतु (For Academic Citation): Anand Kumar Ashodhiya. *हरयाणवी: बोली से भाषा तक का भाषाई सामर्थ्य*। शाहपुर तुर्क, हरियाणा: स्वप्रकाशित, 2026।

अनुक्रमणिका / Table of Contents (Index)

हरयाणवी: बोली से भाषा तक का भाषाई सामर्थ्य 1

कॉपीराइट/COPYRIGHT 2

समर्पण 6

प्रस्तावना (Preface) 7

भूमिका (Foreword) 11

आलोचनात्मक अकादमिक समीक्षा (Critical Academic Review) 14

अध्याय 1: हरयाणवी का भाषा-शास्त्र — संभावनाएँ एवं चुनौतियाँ 17

अध्याय 2: भाषा और बोली — शब्द नहीं, सत्ता का प्रश्न 22

अध्याय 3: हरयाणवी का ऐतिहासिक विकास — जड़ों की खोज 27

अध्याय–4 : लोक-छंद में Pingal प्रयोग : चयनित रागणियों का विश्लेषण...... 32

अध्याय 5 : लोक-छंद और हरयाणवी वाक्य-विन्यास 39

अध्याय–6: हरयाणवी वाक्य-विन्यास और सामाजिक विमर्श....................... 45

अध्याय–7 : हरयाणवी का शब्द-निर्माण और शब्द-सामर्थ्य 50

अध्याय–8 : हरयाणवी में रूप-रचना (Morphology) और मानकीकरण 55

अध्याय–9 : हरयाणवी भाषा का मानकीकरण : चुनौतियाँ, नीति और भविष्य.. 60

अध्याय 10: लोक-इतिहास और मौखिक परंपरा — अनकही स्मृतियों का आख्यान 64

अध्याय 11: हरयाणवी लोक-चेतना में स्त्री — सामर्थ्य, संघर्ष और अस्मिता.... 68

अध्याय 12: हरयाणवी की भाषिक बनावट — संरचना से प्रयोग तक.......... 71

अध्याय 13: भाषा-चेतना के चार स्तंभ — स्मृति, संस्कृति, स्वाभिमान और सत्ता 75

अध्याय 14: लोक-साहित्य — हरयाणवी की आत्मा 79

अध्याय 15: सामाजिक स्वीकृति और आत्म-गौरव — हीनता से गौरव तक का भाषाई सफ़र 83

अध्याय 16: हरयाणवी समाज और भाषा-बोध — गर्व, संकोच और अस्मिता .. 87

अध्याय 17: आधुनिक हरयाणवी — मंच, मीडिया और डिजिटल संसार........ 91

अध्याय 18: अन्य बोलियों की भाषा बनने की यात्रा — एक तुलनात्मक विश्लेषण 95

अध्याय 19: हरयाणवी और सत्ता — शिक्षा, राजनीति और नीति................ 99

अध्याय 20: बाधाएँ — हरयाणवी के रास्ते के पत्थर 103

अध्याय 21: हरयाणवी को भाषा बनाने की कार्ययोजना........................ 107

अध्याय 22: निष्कर्ष एवं भविष्य की राह — संकल्प से सिद्धि तक 111

अध्याय 23: अंतिम मंतव्य — संभावना से समाधान तक 115

उपसंहार: भाषा माँगी नहीं जाती, बनाई जाती है 119

उत्तरकथन / अकादमिक समीक्षा (Afterword / Academic Review) 122

Bibliography / संदर्भ ग्रन्थ-सूची.. 125

आभार (Acknowledgement) 130

लेखक के बारे में... 133

समर्पण

यह शोध-ग्रंथ मेरे सांस्कृतिक गुरु, प्रख्यात हरयाणवी लोक गायक **स्वर्गीय महाशय पालेराम दहिया** को सादर समर्पित है। उनकी लोक-साधना और रागनी परंपरा के प्रति प्रतिबद्धता ने यह स्पष्ट किया कि भाषा केवल संप्रेषण का माध्यम नहीं, बल्कि स्मृति, श्रम और सामूहिक सांस्कृतिक अनुभव की अभिव्यक्ति होती है।

यह कृति उन असंख्य ज्ञात–अज्ञात लोक कवियों, रागनीकारों और सांग कलाकारों के प्रति भी कृतज्ञता व्यक्त करती है, जिनकी वाचिक परंपरा ने हरयाणवी भाषा को पीढ़ी दर पीढ़ी जीवित रखा, भले ही उसे लंबे समय तक औपचारिक मान्यता न मिल सकी हो।

यह ग्रंथ उन माताओं के प्रति नमन है जिन्होंने हरयाणवी में लोरियाँ गाकर भाषा को अगली पीढ़ी तक पहुँचाया; उन किसानों और श्रमिकों के प्रति भी, जिन्होंने सामाजिक उपेक्षा के बावजूद अपनी जीवन-भाषा को सुरक्षित रखा; तथा उन युवाओं के प्रति, जो आज अपनी बोली को हीनता नहीं, बल्कि पहचान और स्वाभिमान के रूप में स्वीकार कर रहे हैं।

यह समर्पण किसी एक व्यक्ति या कालखंड तक सीमित नहीं है। यह उस सामूहिक भाषिक चेतना के प्रति निष्ठा का प्रकटीकरण है, जो अपने भाषाई सामर्थ्य, सामाजिक उपयोगिता और सांस्कृतिक निरंतरता के आधार पर हरयाणवी को भाषा के रूप में स्थापित करने के संकल्प के साथ आगे बढ़ रही है।

प्रस्तावना (Preface)

— डॉ. बाबू राम, अध्यक्ष, हिंदी विभाग, बाबा मस्तनाथ विश्वविद्यालय, रोहतक

हरियाणा में साहित्य-सृजन की परंपरा आदिकाल से निरन्तर प्रवाहमान रही है। इस प्रदेश की पावन धरा, विशेषतः सरस्वती नदी के तट, भारतीय ज्ञान-परंपरा के महत्त्वपूर्ण केंद्र रहे हैं, जहाँ वेदों, उपनिषदों तथा अनेक धर्मग्रंथों की रचना और संवर्धन हुआ। संस्कृत, पालि, प्राकृत, अपभ्रंश, हिन्दी और हरियाणवी जैसी भाषाओं में यहाँ समृद्ध साहित्यिक परंपरा विकसित हुई, जिसने भारतीय सांस्कृतिक चेतना को निरन्तर पोषित किया है। हरियाणवी लोकभाषा का भारतीय उपभाषाओं में एक गौरवपूर्ण स्थान है। इसके लोकसाहित्य और शिष्ट साहित्य दोनों की अपनी विशिष्ट पहचान तथा सुदीर्घ परंपरा रही है।

भारत में भाषाओं के उद्भव और विकास की परंपरा अत्यंत प्राचीन और सतत रही है। हरियाणा प्रदेश भी इस भाषाई धारा का अभिन्न अंग रहा है। भाषाओं के ऐतिहासिक विकास-क्रम में वैदिक भाषा से प्रारम्भ होकर संस्कृत, पालि, प्राकृत और अपभ्रंश भाषाओं का क्रमिक विकास हुआ। उत्तर भारत की अधिकांश मध्यकालीन एवं आधुनिक भाषाएँ आर्य भाषा-परिवार से संबद्ध हैं। पश्चिमी हिन्दी की प्रमुख शाखा हरियाणवी का मूल स्रोत शौरसेनी अपभ्रंश माना जाता है। हरियाणा प्रदेश के निवासियों द्वारा प्रयुक्त भाषा को सामान्यतः 'हरियाणवी' कहा जाता है, यद्यपि विभिन्न विद्वानों ने इसे हिन्दुस्तानी, नागरी, सरहदी, कौरवी, बांगरू, जाटू, बागड़ी आदि नामों से भी अभिहित किया है। कौरवी अथवा खड़ी बोली को भी अनेक भाषावैज्ञानिकों ने हरियाणवी के समीपस्थ रूप में स्वीकार किया है।

हरियाणवी की अनेक उपबोलियाँ इसकी भाषिक समृद्धि का प्रमाण प्रस्तुत करती हैं। वस्तुतः हरियाणवी पश्चिमी हिन्दी की एक अत्यंत लोकप्रिय और सशक्त बोली है, जिसने राष्ट्रभाषा हिन्दी के विकास तथा भारत के स्वतंत्रता संग्राम में भी महत्त्वपूर्ण योगदान दिया है।

हरयाणवी को केवल एक 'बोली' के रूप में देखने की दृष्टि दीर्घकाल तक भाषावैज्ञानिक तथ्यों की अपेक्षा सामाजिक पूर्वाग्रहों द्वारा अधिक निर्देशित रही है। उत्तर भारत की अन्य लोक-भाषाओं की भाँति हरयाणवी भी समृद्ध ध्वन्यात्मक संरचना, विशिष्ट शब्द-संपदा, सशक्त लोक-साहित्य और जीवंत सामाजिक व्यवहार के बावजूद अकादमिक मान्यता के परिदृश्य में अपेक्षाकृत उपेक्षित रही। ऐसे में ***"हरयाणवी: बोली से भाषा तक का भाषाई सामर्थ्य (भाषाई सामर्थ्य, मानकीकरण एवं सामाजिक स्वीकृति — एक शोध)"*** शीर्षक यह ग्रंथ एक अत्यंत आवश्यक और समयोचित अकादमिक हस्तक्षेप के रूप में सामने आता है।

यह शोध-ग्रंथ हरयाणवी को केवल भावनात्मक आग्रह या क्षेत्रीय गौरव के आधार पर नहीं, बल्कि भाषाविज्ञान, समाजशास्त्र, इतिहास और लोक-साहित्य के ठोस प्रमाणों के माध्यम से विश्लेषित करता है। लेखक ने भाषा और बोली के पारंपरिक विभाजन को चुनौती देते हुए यह स्पष्ट किया है कि किसी भी भाषिक इकाई की अस्मिता केवल सत्ता-निर्णीत नहीं होती, बल्कि उसके निरंतर सामाजिक व्यवहार, साहित्यिक सातत्य और अंतर्निहित भाषिक सामर्थ्य से निर्धारित होती है। इस दृष्टि से यह ग्रंथ केवल एक अध्ययन नहीं, बल्कि एक गंभीर वैचारिक पुनर्पाठ भी है।

प्रस्तुत शोध की प्रमुख विशेषता यह है कि इसमें हरयाणवी के ऐतिहासिक विकास, उसकी व्याकरणिक संरचना, लोक-साहित्य की सुदीर्घ परंपरा,

स्त्री-चेतना तथा आधुनिक जन संचार माध्यमों में उसकी उपस्थिति को एक सुव्यवस्थित अकादमिक ढाँचे में प्रस्तुत किया गया है। विशेष रूप से भाषा-चेतना, सत्ता-संरचना और नीति-निर्माण से संबंधित अध्याय हरयाणवी को भारतीय संविधान की आठवीं अनुसूची जैसी विधिक एवं सांस्कृतिक चर्चाओं के संदर्भ में गंभीरता से स्थापित करने की क्षमता रखते हैं।

लेखक का यह कथन कि *"भाषा माँगी नहीं जाती, निर्मित की जाती है"* केवल एक उद्घोष नहीं, बल्कि इस संपूर्ण ग्रंथ की वैचारिक धुरी है। यह विचार रेखांकित करता है कि भाषा का परिष्कार समाज के निरंतर प्रयोग, सृजन और आत्म-स्वीकृति की सामूहिक प्रक्रिया से संभव होता है। हरयाणवी के संदर्भ में यह शोध उसी सामाजिक-भाषिक आत्मविश्वास को पुनर्स्थापित करने का महत्त्वपूर्ण कार्य करता है, जिसकी आज वैश्विक परिप्रेक्ष्य में विशेष आवश्यकता है।

एक अकादमिक शिक्षक और शोध-अनुशासन से जुड़े होने के नाते मैं यह विश्वासपूर्वक कह सकता हूँ कि यह ग्रंथ विश्वविद्यालयों में भाषाविज्ञान, लोक-साहित्य, समाजशास्त्र तथा क्षेत्रीय भाषा-अध्ययन के विद्यार्थियों और शोधार्थियों के लिए एक महत्त्वपूर्ण संदर्भ-स्रोत सिद्ध होगा। साथ ही, यह उन नीति-निर्माताओं और साहित्यिक संस्थानों के लिए भी विचारोत्तेजक सामग्री प्रस्तुत करता है, जो भारतीय लोक-भाषाओं की भावी दिशा और संवर्धन पर गंभीरता से विचार करते हैं।

मुझे पूर्ण विश्वास है कि यह शोध-ग्रंथ हरयाणवी के भाषिक आंदोलन को एक सशक्त वैचारिक आधार प्रदान करेगा तथा भविष्य के अनुसंधानों के लिए एक मील का पत्थर सिद्ध होगा। लेखक को इस श्रमसाध्य, साहसिक

और अकादमिक रूप से संतुलित कार्य के लिए मेरी हार्दिक शुभकामनाएँ और बधाई।

— डॉ. बाबू राम, अध्यक्ष, हिंदी विभाग, बाबा मस्तनाथ विश्वविद्यालय, रोहतक

भूमिका (Foreword)

— डॉ. पूरणमल गौड़, पूर्व निदेशक, हरियाणा साहित्य अकादमी, पंचकूला

भारतीय भाषाई मानचित्र पर लोक भाषाएँ केवल संवाद का माध्यम नहीं, बल्कि जन-संवेदना और सांस्कृतिक स्मृति की वाहक रही हैं। इन्हीं की उर्वर भूमि से मानक भाषाओं का जन्म और परिष्कार होता है। हरयाणवी इसी गौरवशाली परंपरा की एक जीवंत प्रतिनिधि है, जिसे दुर्भाग्यवश दीर्घकाल तक केवल एक 'क्षेत्रीय बोली' के संकुचित दायरे में सीमित रखकर उसके भाषाई सामर्थ्य का वस्तुनिष्ठ मूल्यांकन नहीं किया गया। इस परिप्रेक्ष्य में, **"हरयाणवी: बोली से भाषा तक का भाषाई सामर्थ्य (*भाषाई सामर्थ्य, मानकीकरण एवं सामाजिक स्वीकृति — एक शोध*)"** नामक यह शोध-ग्रंथ एक अत्यंत आवश्यक, साहसिक और दूरदर्शी अकादमिक हस्तक्षेप है।

इस कृति की मौलिकता इस तथ्य में निहित है कि यह हरयाणवी के पक्ष में कोई भावनात्मक विलाप प्रस्तुत नहीं करती, अपितु कठोर शोध-मानकों पर उसकी भाषिक स्वतंत्र सत्ता को सिद्ध करती है। लेखक ने अत्यंत धैर्य और अकादमिक तटस्थता के साथ यह प्रतिपादित किया है कि किसी भी बोली का 'भाषा' के रूप में रूपांतरण उसके लोक-व्यवहार, साहित्यिक सातत्य और ऐतिहासिक विकास-क्रम पर निर्भर करता है। यह ग्रंथ वैज्ञानिक प्रमाणों के साथ यह स्पष्ट करता है कि हरयाणवी इन सभी मानदंडों पर पूर्णतः खरी उतरती है।

हरियाणा साहित्य अकादमी के प्रशासनिक एवं साहित्यिक नेतृत्व के दौरान मेरा यह सुदृढ़ अनुभव रहा है कि हरयाणवी लोक-वांग्मय—विशेषकर सांग, रागनी और मौखिक कथात्मक परंपरा—अपनी भाषिक संरचना में विश्व की किसी भी समृद्ध भाषा के समकक्ष है। प्रस्तुत शोध में लोक-साहित्य को केवल एक 'धरोहर' के रूप में नहीं, बल्कि भाषा-निर्माण की 'आधारशिला' (Foundation) के रूप में विश्लेषित किया गया है। यह दृष्टि इस अध्ययन को मात्र संकलन से ऊपर उठाकर एक 'पालिसी विमर्श' (Policy Discourse) के स्तर पर प्रतिष्ठित करती है।

ग्रंथ के वे खंड विशेष रूप से ध्यातव्य हैं जहाँ शिक्षा-नीति, जन संचार माध्यमों और डिजिटल प्लेटफॉर्म्स के युग में हरयाणवी की प्रासंगिकता को रेखांकित किया गया है। लेखक यह तर्क देने में सफल रहे हैं कि आधुनिक युग में किसी भाषा की उत्तरजीविता केवल उसकी प्राचीनता से नहीं, बल्कि उसके संस्थागत विनियोग और तकनीकी अनुकूलन से निर्धारित होती है। यह शोध हरयाणवी की क्षेत्रीय विविधताओं—बाँगरू, बागड़ी, अहीरवाटी, मेवती और कोरवी—को भाषाई विखंडन के बजाय उसकी आंतरिक विविधता और समृद्धि के रूप में देखता है, जो कि किसी भी मानक भाषा के विकास के लिए अपरिहार्य है।

मेरा दृढ़ विश्वास है कि यह पुस्तक हरयाणवी को अकादमिक, साहित्यिक और नीतिगत स्तरों पर एक नवीन गरिमा प्रदान करेगी। यह शोध न केवल उच्च शिक्षण संस्थानों और शोधार्थियों के लिए एक अनिवार्य संदर्भ बनेगा, बल्कि उन नीति-निर्माताओं के लिए भी एक मार्गदर्शक सिद्ध होगा जो भारतीय लोकभाषाओं के संवैधानिक भविष्य के प्रति चिंतनशील हैं।

लेखक को इस श्रमसाध्य, संतुलित और भविष्योन्मुखी शोध-कार्य के लिए हार्दिक साधुवाद। मुझे पूर्ण आशा है कि यह ग्रंथ हरयाणवी के भाषाई आंदोलन को एक ठोस वैचारिक अधिष्ठान प्रदान करने में मील का पत्थर सिद्ध होगा।

— डॉ. पूरणमल गौड़, पूर्व निदेशक, हरियाणा साहित्य अकादमी, पंचकूला

आलोचनात्मक अकादमिक समीक्षा

(Critical Academic Review)

— डॉ. वी. एम. बेचैन

(प्रख्यात भाषाविद एवं हरयाणवी साहित्य के इतिहासकार)

किसी भी भाषिक इकाई को उसके वास्तविक स्वरूप और सामर्थ्य में समझने के लिए केवल भावनात्मक संलग्नता पर्याप्त नहीं होती; इसके लिए ऐतिहासिक, भाषावैज्ञानिक और समाज-भाषावैज्ञानिक स्तरों पर गहन अन्वेषण अनिवार्य है। **“हरयाणवी: बोली से भाषा तक का भाषाई सामर्थ्य (*भाषाई सामर्थ्य, मानकीकरण एवं सामाजिक स्वीकृति — एक शोध*)”** इसी दिशा में एक अत्यंत गंभीर और संतुलित अकादमिक प्रयास है, जो हरयाणवी के संदर्भ में व्याप्त दीर्घकालिक भ्रांतियों का तार्किक और साक्ष्य-आधारित समाधान प्रस्तुत करता है।

इस ग्रंथ का केंद्रीय प्रतिपाद्य यह है कि हरयाणवी को ‘हिंदी की विकृत बोली’ (Corrupt Dialect) के रूप में देखने की औपनिवेशिक और पारंपरिक प्रवृत्ति न केवल ऐतिहासिक रूप से त्रुटिपूर्ण है, बल्कि भाषावैज्ञानिक सिद्धांतों के भी प्रतिकूल है। लेखक ने अपभ्रंश, शौरसेनी और उत्तर-पश्चिमी भारतीय भाषाओं के विकासक्रम के परिप्रेक्ष्य में यह अकादमिक स्थापना दी है कि हरयाणवी का अपना स्वतंत्र भाषिक प्रवाह (Independent Linguistic Flow) रहा है। यह शोध प्रमाणित करता है कि व्याकरणिक सूक्ष्मता, शब्द-संरचना और अभिव्यंजना की दृष्टि से यह पूर्णतः एक परिपक्व भाषा है।

मेरे अपने दीर्घकालीन शोध-अनुभव के आधार पर यह कहना समीचीन है कि किसी भी भाषा की प्रामाणिकता और जीवंतता उसके लोक-वांग्मय में निहित होती है। प्रस्तुत ग्रंथ में रागनी, सांग, लोकगीत और मौखिक आख्यानों का जो सूक्ष्म विश्लेषण किया गया है, वह यह सिद्ध करने के लिए पर्याप्त है कि हरयाणवी में न केवल भावात्मक सघनता है, बल्कि इसमें दार्शनिक और सामाजिक विमर्श की भी असीमित क्षमता विद्यमान है। लेखक ने लोक-साहित्य को मात्र एक सांस्कृतिक पुरावशेष न मानकर उसे भाषा-निर्माण की 'सृजनात्मक प्रयोगशाला' (Creative Laboratory) के रूप में स्थापित किया है—यह दृष्टि भाषा शास्त्र के क्षेत्र में विशेष रूप से अभिनंदनीय है।

भाषावैज्ञानिक दृष्टि से इस पुस्तक का वह खंड विशेष रूप से शोधार्थियों के लिए पठनीय है, जहाँ हरयाणवी की क्रिया-रचना (Verb Morphology), काल-प्रयोग और वाक्य-विन्यास (Syntax) को तुलनात्मक उदाहरणों सहित प्रस्तुत किया गया है। यहाँ यह स्पष्ट हो जाता है कि हरयाणवी की आंतरिक संरचना किसी भी मानक भाषा के शास्त्रीय मानदंडों पर खरी उतरती है। इसके अतिरिक्त, क्षेत्रीय उप-बोली रूपों—जैसे बाँगरू, बागड़ी और अहीरवाटी—को लेखक ने विखंडनकारी प्रवृत्तियों के बजाय 'भाषिक विविधता' (Linguistic Diversity) के रूप में व्याख्यायित किया है, जो आधुनिक भाषाविज्ञान की सर्वमान्य अवधारणा है।

ग्रंथ की एक अन्य विशिष्टता इसकी 'भविष्योन्मुखी दृष्टि' है। लेखक ने समकालीन संदर्भों—यथा आधुनिक शिक्षा, प्रशासनिक शब्दावली, डिजिटल मीडिया और तकनीकी मंचों—में हरयाणवी की अनुकूलन शीलता पर जो कार्य योजना प्रस्तुत की है, वह इस अध्ययन को केवल

सैद्धांतिक नहीं बल्कि व्यवहारिक और 'नीति-उन्मुख' (Policy-oriented) बनाती है।

आलोचनात्मक विश्लेषण की कसौटी पर यह शोध-कार्य हरयाणवी भाषा आंदोलन को संकुचित क्षेत्रीय नारों से मुक्त कर एक उच्च-स्तरीय अकादमिक विमर्श (Academic Discourse) के पटल पर प्रतिष्ठित करने में सफल रहा है। यह ग्रंथ विश्वविद्यालयों, भाषा-नीति निर्माताओं और सांस्कृतिक संस्थाओं के लिए एक अनिवार्य संदर्भ-ग्रंथ (Reference Work) सिद्ध होगा।

निष्कर्षतः, यह पुस्तक हरयाणवी को 'संभावना' के अनिश्चित कुहासे से निकालकर 'संवैधानिक समाधान' की स्पष्ट दिशा प्रदान करती है। यह न केवल हरयाणवी साहित्य के इतिहास में एक महत्वपूर्ण कड़ी जोड़ती है, बल्कि भविष्य में इस भाषा को संस्थागत मान्यता दिलाने के संघर्ष को एक सुदृढ़ बौद्धिक आधार प्रदान करती है।

— डॉ. वी. एम. बेचैन
(प्रख्यात भाषाविद एवं हरयाणवी साहित्य के इतिहासकार)

अध्याय 1: हरयाणवी का भाषा-शास्त्र — संभावनाएँ एवं चुनौतियाँ

1.1 प्रस्तावना: बोली से भाषा तक का विमर्श

हरयाणवी को सामान्यतः एक 'बोली' की श्रेणी में रखा जाता है, किंतु इसके व्यापक सामाजिक विस्तार, समृद्ध साहित्यिक सातत्य और सांस्कृतिक स्वायत्तता के आलोक में यह प्रश्न उठाना सामयिक है कि—क्या हरयाणवी में एक स्वतंत्र भाषा बनने का वास्तविक सामर्थ्य विद्यमान है? यह विमर्श केवल भावनात्मक आग्रह का विषय नहीं, अपितु भाषाविज्ञान, समाजशास्त्र और सांस्कृतिक राजनीति के संयुक्त धरातल पर एक अनिवार्य शोध-प्रश्न है। हरयाणवी की वर्तमान स्थिति उस ऐतिहासिक विडंबना का परिणाम है जहाँ एक सशक्त लोकभाषा को दीर्घकाल तक औपचारिक और संवैधानिक मान्यता के विमर्श से पृथक रखा गया।

1.2 भाषा और बोली का भेद: एक सैद्धांतिक विश्लेषण

आधुनिक भाषाविज्ञान के अनुसार, भाषा और बोली का अंतर मुख्यतः चार कारकों से निर्धारित होता है—मानकीकरण (Standardization), लिपि का स्थिर प्रयोग, साहित्यिक उत्पादन और सामूहिक भाषायी आत्म-चेतना।

- **मानकीकरण एवं लिपि:** मानक भाषा में व्याकरण और शब्दकोश के स्थिर नियम होते हैं। हरयाणवी वर्तमान में विभिन्न क्षेत्रीय उप-बोलियों (बाँगरू, बागड़ी, अहीरवाटी, मेवती) के

वैविध्य के साथ संक्रमण काल में है। देवनागरी लिपि का प्रयोग इसे हिंदी के निकट लाता है, जिससे इसकी स्वतंत्र भाषिक अस्मिता प्रायः धुंधली प्रतीत होती है।

- **साहित्यिक एवं प्रशासनिक विनियोग:** हरयाणवी में सांग और रागनी जैसी समृद्ध मौखिक परंपराएँ हैं, किंतु इसे अब तक संस्थागत संरक्षण और प्रशासनिक संरचनाओं में स्थान नहीं मिल पाया है।

1.3 हरयाणवी की भाषिक विशिष्टताएँ

हरयाणवी की ध्वन्यात्मक संरचना और व्याकरणिक ढाँचा इसे खड़ी बोली हिंदी से स्पष्टतः पृथक और स्वतंत्र रूप प्रदान करता है:

- **ध्वनि-विज्ञान (Phonology):** हरयाणवी का विशिष्ट 'खरापन' (Guttural Resonance) और टोनल उतार-चढ़ाव इसकी मौलिक पहचान है।

- **व्याकरणिक संरचना (Syntax):** 'सै' प्रत्यय का सहायक क्रिया के रूप में प्रयोग—जैसे 'जावै सै', 'करै सै'—एक स्वतंत्र और सुव्यवस्थित व्याकरणिक प्रणाली का प्रमाण है।

- **सांस्कृतिक शब्दावली (Lexis):** 'खाप', 'राड़', 'टोह' और 'ठेठ' जैसे शब्द केवल भाषाई इकाइयाँ नहीं, बल्कि विशिष्ट सांस्कृतिक अवधारणाएँ (Cultural Concepts) हैं।

[TAG A: ऐतिहासिक संदर्भ — पंडित लखमीचंद]

हरयाणवी की दार्शनिक क्षमता और नैतिक गहराई को सूर्यकवि पंडित लखमीचंद ने अपने सांगों और रागणियों में चरमोत्कर्ष प्रदान किया। उनकी रचनाएँ सिद्ध करती हैं कि यह भाषा जटिल से जटिल मानवीय संवेदनाओं को व्यक्त करने में सक्षम है:

"पर तिरिया अपनी ना होती, चाहे कितना लाड लडा ले"

(विश्लेषण): यह काव्य-पंक्ति हरयाणवी की उस दार्शनिक प्रखरता को रेखांकित करती है जो लोक-अनुभव के माध्यम से सार्वभौमिक नैतिकता का पाठ पढ़ाती है। यहाँ भाषा केवल सूचना का माध्यम नहीं, बल्कि सामाजिक आचार-संहिता के निर्माण का सशक्त औजार है।

1.4 साहित्यिक यात्रा: लोक से आधुनिकता की ओर

हरयाणवी की सबसे बड़ी शक्ति इसकी अटूट निरंतरता है। जहाँ मौखिक परंपरा में रागनी और सांग ने इसे जीवित रखा, वहीं आधुनिक कविता और डिजिटल माध्यमों ने इसे वैश्विक विस्तार दिया है। यह संक्रमण लोक से आधुनिकता की ओर विस्थापन नहीं, बल्कि लोक-चेतना के भीतर आधुनिक विवेक का प्रवेश है।

[TAG B: समकालीन विमर्श — आनन्द शाहपुर]

समकालीन हरयाणवी साहित्य में कवि आनन्द शाहपुर भाषा की सामाजिक छवि पर आरोपित 'विकृत धारणाओं' का सशक्त तार्किक प्रतिवाद करते हैं:

"जात पात अश्लील कविता फीम अर लाड्डू लिक्खी ना,
बदमाशी के थोथे किस्से, गन गोळी पिस्टल सिक्खी ना;

मेरी नज़र भी तीखी ना, इसा अनपढ़ मोड्डा कोन्या।"

(विश्लेषण): यह छंद हरयाणवी भाषा पर लगाए जाने वाले 'भाषिक कलंक' (Linguistic Stigma) का एक गंभीर अकादमिक उत्तर है। कवि यहाँ उन रूढ़िवादी छवियों (Stereotypes) को सिरे से खारिज करता है जिनके आधार पर हरयाणवी को अशिष्ट, हिंसक या अपरिष्कृत सिद्ध किया जाता रहा है। पहली पंक्ति में 'जात-पात' और 'अश्लीलता' का निषेध उन पूर्वाग्रहों की ओर संकेत है जो लोकभाषा को संकुचित दायरे में बाँधते हैं। दूसरी पंक्ति में 'गन-गोली' जैसे प्रतीकों का खंडन भाषा को हिंसक संस्कृति (Gun Culture) से जोड़ने की प्रवृत्ति पर चोट करता है। अंतिम पंक्ति—"इसा अनपढ़ मोड्डा कोन्या"—कवि की एक वैचारिक घोषणा है कि हरयाणवी बौद्धिक रूप से दरिद्र नहीं है। यहाँ 'नज़र की तीक्ष्णता' भाषा की विश्लेषणात्मक शक्ति और विवेकशील सामर्थ्य का रूपक है।

1.5 मार्ग की बाधाएँ एवं चुनौतियाँ

- **हिंदी का प्रभुत्व:** तीव्र शहरीकरण और मानक हिंदी के प्रभाव से क्षेत्रीय शब्दावली का निरंतर क्षरण हो रहा है।

- **संस्थागत उपेक्षा:** भाषा विकास आयोग, शैक्षणिक पाठ्यक्रम और उच्च-स्तरीय शोध संरचनाओं का अभाव।

- **मानकीकरण का अभाव:** उप-बोलियों के वैविध्य को एक सर्वमान्य मानक भाषा (Standard Language) में सूत्रबद्ध करने की चुनौती।

1.6 भविष्य की दिशा: एक कार्य-योजना

1. **भाषिक कूटनीति:** एक सर्वमान्य मानकीकृत व्याकरण और व्यापक वैज्ञानिक शब्दकोश का निर्माण।

2. **शिक्षा में समावेशन:** प्राथमिक स्तर पर शिक्षा के माध्यम के रूप में हरयाणवी का प्रयोग।

3. **अकादमिक शोध:** विश्वविद्यालयों में पृथक अनुसंधान केंद्रों की स्थापना जो लोक और शास्त्र का समन्वय कर सकें।

4. **डिजिटल सुदृढ़ीकरण:** यूनिकोड, कॉर्पोरा (Corpora) और एआई टूल्स के माध्यम से डिजिटल जगत में उपस्थिति।

1.7 निष्कर्ष

हरयाणवी मात्र संवाद की एक प्रणाली नहीं, बल्कि हरियाणा की सामूहिक स्मृति, श्रम-संस्कृति और क्षेत्रीय स्वाभिमान की प्राण वायु है। यदि इसे वैज्ञानिक मानकीकरण और संस्थागत समर्थन प्राप्त हो, तो इसमें एक पूर्ण विकसित 'भाषा' के रूप में संवैधानिक और अकादमिक गरिमा प्राप्त करने की समस्त संभावनाएँ समाहित हैं।

अध्याय 2: भाषा और बोली — शब्द नहीं, सत्ता का प्रश्न

2.1 प्रस्तावना: भाषायी हाशिया करण की पड़ताल

भाषा और बोली का भेद मात्र व्याकरणिक संरचना या शब्दावली का अंतर नहीं है, अपितु यह सामाजिक-सत्तात्मक संरचना (Power Structure) से गहराई से संपृक्त है। हरयाणवी को 'बोली' के संकुचित दायरे में वर्गीकृत करना केवल एक भाषाई निर्णय नहीं, बल्कि एक सुनियोजित भाषायी हाशियाकरण (Linguistic Marginalization) है। यह अध्याय हरयाणवी को मात्र एक 'क्षेत्रीय संचार माध्यम' के बजाय एक ऐसी भाषाई शक्ति के रूप में विश्लेषित करता है, जो अपनी स्वायत्तता और संवैधानिक मान्यता का दावा प्रस्तुत करती है।

[TAG A: ऐतिहासिक अधिष्ठान — पंडित लखमीचंद]

सूर्यकवि पंडित लखमीचंद ने अपनी कालजयी वाणी से यह सिद्ध किया कि हरयाणवी केवल ग्रामीण संवाद का माध्यम नहीं, बल्कि ब्रह्मांडीय सत्यों और जटिल दार्शनिकता को अभिव्यक्त करने वाली एक सामर्थ्यवान भाषा है। उनके सांगों का मंगलाचरण ही इसकी भाषिक गहराई का प्रमाण है:

"आद अंत की कथा सुणाऊँ, सुणियो मन चित्त लाकै...
सरस्वती की मेहर होज्या, बोलूँ शब्द बणाकै।"

(विश्लेषण): यहाँ कवि द्वारा प्रयुक्त शब्द **'शब्द बणाना'** भाषाई सृजनशीलता (Linguistic Creativity) का उत्कृष्ट उदाहरण है। यह दर्शाता है कि हरयाणवी में नवीन अर्थ गढ़ने और अमूर्त दार्शनिक अवधारणाओं को रूपायित करने की असीमित क्षमता है। 'आद-अंत की कथा' कहने का संकल्प यह सिद्ध करता है कि यह भाषा महाकाव्यात्मक विस्तार (Epic Scale) को समाहित करने में सक्षम है, जो इसे किसी भी 'मानक भाषा' के समकक्ष प्रतिष्ठित करता है।

2.2 शास्त्रीय परिभाषाएँ और हरयाणवी की स्थिति

अकादमिक जगत में भाषा और बोली के मध्य विभाजन को लेकर दो प्रमुख वैश्विक दृष्टिकोण रहे हैं:

1. **पाणिनीय दृष्टिकोण:** भाषा वह है जो सुव्यवस्थित व्याकरणिक नियमों (Sutra/Structure) में आबद्ध हो।
2. **सॉस्यूरीय दृष्टिकोण (Ferdinand de Saussure):** भाषा एक 'सामाजिक संस्था' (Social Institution) है जो सामूहिक स्वीकृति से संचालित होती है।

हरयाणवी इन दोनों के मध्य एक अद्वितीय संघर्ष की स्थिति में है। रागनी और सांग के रूप में इसके पास एक समृद्ध 'मौखिक कोशागार' (Oral Corpus) उपलब्ध है, किंतु राज्याश्रय और संस्थागत समर्थन के अभाव में इसके लिखित मानकों को विकसित होने से बाधित किया गया।

2.3 "बोली" का लेबल: सामाजिक कलंक और भाषायी भेदभाव

जब किसी सशक्त माध्यम को 'बोली' (Dialect) के रूप में रूढ़ कर दिया जाता है, तो वह केवल एक वर्गीकरण नहीं रह जाता, बल्कि एक **सामाजिक कलंक (Social Stigma)** बन जाता है।

- **अशिष्टता का मिथक:** नगरीय अभिजात्य वर्ग द्वारा हरयाणवी उच्चारण के विशिष्ट 'खरेपन' को अशिष्टता या गँवारूपन का पर्याय मान लिया गया।
- **प्रतीकात्मक हिंसा:** 'राड़ हो गई रे!' जैसे वाक्य, जो ग्रामीण परिवेश में गहन सामाजिक तनाव और संवेदना को व्यक्त करते हैं, उन्हें मुख्यधारा की भाषाई सत्ता द्वारा 'भाषिक दरिद्रता' के रूप में देखा जाता है।

[TAG B: समकालीन विमर्श — आनन्द शाहपुर]

इस भाषायी अपमान और 'बोली' कहे जाने के सांस्कृतिक-मानसिक दुष्परिणामों पर कवि आनन्द शाहपुर समकालीन विस्थापन को रेखांकित करते हुए कहते हैं:

"कुश्ती खेल कब्बड्डी कोन्या, ना बांचे गीता-बेद पुरान,
मोबाइल में गेम खेलते, टैम पे कोन्या खान अर पान;
मां-बापां की ना करैं सुणाई, मोबाइल में रहता ध्यान,
बिन संस्कार पळै जो पीढ़ी, किसा बणै यो हिंदुस्तान;
भाषा-बोली, रीत-रिवाज की, या सारी मौज उजड़ली।"

(विश्लेषण): यह छंद भाषायी हाशियाकरण को सांस्कृतिक विघटन की व्यापक प्रक्रिया से जोड़ता है। कवि स्पष्ट करता है कि जब किसी भाषा को 'बोली' कहकर गौण कर दिया जाता है, तो उसका प्रभाव केवल व्याकरण

तक सीमित नहीं रहता, बल्कि वह जीवन-शैली और मूल्य-संरचना को भी खंडित करता है। 'कुश्ती-कबड्डी' और 'गीता-वेद' का लोप उस लोक-ज्ञान परंपरा के क्षरण का प्रतीक है जिसके आधार पर भाषा जीवित रहती है। अंतिम पंक्ति—**"भाषा-बोली, रीत-रिवाज की, या सारी मौज उजड़ली"**—इस शोध का मुख्य तर्क प्रस्तुत करती है कि भाषा का अवमूल्यन वस्तुतः संपूर्ण सांस्कृतिक पारिस्थितिकी (Cultural Ecology) के विनाश का मार्ग प्रशस्त करता है।

2.4 ग्रामीण-शहरी द्वंद्व और भाषायी प्रभुत्व

तीव्र शहरीकरण ने एक ऐसा मनोवैज्ञानिक दबाव उत्पन्न किया है जहाँ 'मानक हिंदी' को सभ्यता और 'हरयाणवी' को पिछड़ेपन का सूचक बना दिया गया है।

- **रोजगार एवं औपचारिकता:** साक्षात्कारों और औपचारिक संवादों में ठेठ हरयाणवी शब्दावली का त्याग एक अनिवार्य शर्त बना दिया गया, जिससे मातृभाषा के प्रति हीनता का भाव विकसित हुआ।

- **पीढ़ीगत अंतराल:** नई पीढ़ी में अपनी मातृभाषा को 'अशुद्ध हिंदी' मानने की आत्मघाती प्रवृत्ति विकसित हुई है, जो भाषाई आत्महत्या (Linguistic Suicide) के समान है।

2.5 पहचान बनाम मान्यता: हरयाणवी का डिजिटल पुनर्जागरण

भाषा-निर्माण की प्रक्रिया दो चरणों से गुजरती है: **पहचान (Identity)** और **मान्यता (Recognition)**। वर्तमान में हरयाणवी 'पहचान' के संकट से उबरकर 'डिजिटल उभार' के युग में प्रवेश कर चुकी है। सोशल मीडिया

और इंटरनेट कॉर्पस ने इसे एक वैश्विक मंच प्रदान किया है, जहाँ यह पुनः अपने स्वाभिमान को प्राप्त कर रही है।

[TAG C: नैतिक विमर्श — आनन्द शाहपुर]

हरयाणवी की इस पुनर्जीवित शक्ति और इसके आंतरिक नैतिक सामर्थ्य को कवि आनन्द शाहपुर इन शब्दों में व्यक्त करते हैं:

"नाम धर्म का ले ले कै नै सब उल्टे धंधे करते हैं...
आनन्द शाहपुर नेक चालकै, टोह ले मुक्ति मोक्ष द्वार।"

(विश्लेषण): यह काव्य-साक्ष्य सिद्ध करता है कि हरयाणवी भाषा आज भी अपनी 'नैतिक मेधा' (Ethical Intelligence) के माध्यम से समाज का मार्गदर्शन करने में सक्षम है। 'नेक चाल' और 'मुक्ति' जैसे शब्द यह प्रमाणित करते हैं कि इस भाषा का शब्द-सामर्थ्य आध्यात्मिक और दार्शनिक ऊँचाइयों को छूने के लिए पर्याप्त है।

2.6 निष्कर्ष: ऐतिहासिक अन्याय का निवारण

भाषा और बोली का प्रश्न मूलतः शब्दों का नहीं, बल्कि सामाजिक न्याय और सांस्कृतिक सत्ता का है। हरयाणवी को मात्र एक 'बोली' के रूप में सीमित रखना एक ऐतिहासिक और भाषाई अन्याय है। जिस प्रकार मैथिली और अन्य क्षेत्रीय भाषाओं ने अपनी साहित्यिक और सामाजिक सक्रियता से 'भाषा' का दर्जा प्राप्त किया, हरयाणवी में वह सामर्थ्य और ऐतिहासिक आधार कहीं अधिक प्रखर है। हमारी मौखिक स्मृतियों और रागनियों का यह समृद्ध व्याकरण ही भविष्य के मानकीकृत शब्दकोश और संवैधानिक मान्यता का आधार स्तंभ बनेगा।

अध्याय 3: हरयाणवी का ऐतिहासिक विकास — जड़ों की खोज

3.1 प्रस्तावना: सातत्य का भाषाई प्रमाण

हरयाणवी भाषा का विकास शौरसेनी अपभ्रंश से लेकर आधुनिक काल तक एक निरंतर और व्यवस्थित भाषिक रूपांतरण का प्रतिफल है। यह अध्याय उस भ्रांति का तार्किक खंडन करता है कि हरयाणवी एक 'आकस्मिक क्षेत्रीय बोली' है। प्राचीन व्याकरणिक अवशेषों से लेकर समकालीन लोक-साहित्य तक व्याप्त भाषाई तत्व यह प्रमाणित करते हैं कि हरयाणवी एक प्राचीन आर्य भाषा-परिवार का परिष्कृत और ऐतिहासिक रूप से विकसित स्वरूप है।

[TAG A: दार्शनिक आधार — पंडित लखमीचंद]

सूर्य कवि पंडित लखमीचंद ने अपनी वाणी में सृष्टि की संरचना और समय के विस्तार को हरयाणवी के उन मुहावरों में पिरोया है जो सीधे तौर पर उपनिषदीय परंपरा से जुड़ते हैं:

"मत मारे बिन सत का मेल नहीं सै, के माणस की जात...
सृष्टि रच के ब्रह्म ने, फिर करी जगत की बात।"

(विश्लेषण): यहाँ 'सृष्टि', 'ब्रह्म' और 'जगत' जैसे तत्सम शब्दों का हरयाणवी ध्वन्यात्मक अनुकूलन यह दर्शाता है कि यह भाषा जटिल आध्यात्मिक और दार्शनिक विषयों को वहन करने में पूर्णतः सक्षम है। पंडित लखमीचंद की यह रागनी 'सत' (सत्य) को मानवीय अस्तित्व की अनिवार्य शर्त मानती है। भाषिक दृष्टि से, 'ब्रह्म ने' में 'ने' परसर्ग का प्रयोग हरयाणवी की अपनी व्याकरणिक स्वायत्तता को प्रमाणित करता है, जो इसे संस्कृत की मूल चेतना से जोड़ते हुए भी एक स्वतंत्र पहचान देता है।

3.2 शौरसेनी अपभ्रंश: प्राचीन जड़ें (600-1200 ई.)

पश्चिमी हिंदी और विशेषकर हरयाणवी का उद्भव मध्यकालीन भारतीय आर्य भाषा के 'शौरसेनी अपभ्रंश' रूप से हुआ है। तत्कालीन जैन साहित्य और अपभ्रंश रचनाओं में प्रयुक्त शब्द-रूप आज भी हरयाणवी जनमानस की जिह्वा पर सुरक्षित हैं।

- **भाषिक साक्ष्य (Linguistic Evidence):** संस्कृत का 'गच्छामि' प्राकृत में 'गच्छइ' और अपभ्रंश के विभिन्न सोपानों से गुजरता हुआ आज हरयाणवी में **'जाऊँ सै'** के रूप में जीवित है। यह ध्वन्यात्मक निरंतरता ही हरयाणवी की प्राचीनता और उसकी अखंड विकास-यात्रा का सबसे बड़ा प्रमाण है।

3.3 दिल्ली-हरियाणा भाषिक क्षेत्र और मध्यकाल

मध्यकाल में दिल्ली सल्तनत और मुगल काल के दौरान प्रशासनिक स्तर पर फारसी और अरबी का प्रभाव बढ़ा, किंतु वह प्रभाव मुख्य रूप से शहरी केंद्रों तक सीमित रहा। ग्रामीण हरियाणा की 'खाप-संरचना' और कृषक समाज ने अपनी मूल अपभ्रंश ध्वनियों और 'ठेठ' शब्दावली को एक

अभेद्य दुर्ग की तरह सुरक्षित रखा। रोहतक, झज्जर और सोनीपत की पट्टी में आज भी जो 'शुद्ध ध्वनियाँ' सुनाई देती हैं, वे सीधे तौर पर मध्यकालीन भाषिक विकास का विस्तार हैं।

3.4 औपनिवेशिक काल: संघर्ष और भाषिक प्रतिरोध

ब्रिटिश काल में जब 'खड़ी बोली' को प्रशासनिक सुगमता के लिए 'राजभाषा' के रूप में स्थापित किया गया, तब हरयाणवी जैसी लोकभाषाओं को 'पिंडारी' या 'गँवारू' कहकर हाशिए पर धकेलने का प्रयास हुआ। किंतु, 1857 के प्रथम स्वतंत्रता संग्राम ने इस भाषा की 'प्रतिरोध शक्ति' को पुनः स्थापित किया।

[TAG B: ऐतिहासिक स्वाभिमान — आनन्द शाहपुर]

हरियाणा के इसी ऐतिहासिक चरित्र और वीरतापूर्ण मर्यादा को कवि आनन्द शाहपुर अपनी रचना (दक्ष प्रजापति प्रसंग) के माध्यम से वर्तमान संदर्भों में इस प्रकार व्यक्त करते हैं:

"धर्म सरीखी रीत चलाई, अधर्म का बहिष्कार किया...
प्राण जाएं पर वचन ना जाएं, निज जीवन निस्सार किया।"

(विश्लेषण): कवि यहाँ 'धर्म की रीत' और 'प्राण-वचन' जैसी जिस सुदृढ़ और तत्सम-प्रधान शब्दावली का प्रयोग कर रहे हैं, वह हरयाणवी के उस 'ऐतिहासिक खरेपन' (Historical Integrity) का प्रतीक है जो वीरता और नैतिकता के द्वंद्व को सुलझाने का सामर्थ्य रखती है। यह रचना सिद्ध करती है कि हरयाणवी केवल हास्य या मनोरंजन की भाषा नहीं, बल्कि यह उच्च नैतिक मूल्यों और ऐतिहासिक गौरव की संवाहिका है।

3.5 ऐतिहासिक निरंतरता सारणी (Historical Timeline)

कालखंड	**भाषिक चिह्न (Linguistic Sign)**	**वर्तमान प्रतिफलन**
प्राचीन/अपभ्रंश	गच्छामि -> गच्छइ	जाऊँ सै (स्वतंत्र क्रिया रूप)
भक्ति/रीति काल	लोक-छंद एवं दोहा परंपरा	आधुनिक रागनी की लय और विन्यास
औपनिवेशिक काल	किसान विद्रोह के मौखिक गीत	लोक-जागरण एवं चेतना की रागणियाँ
आधुनिक/डिजिटल	मल्टीमीडिया एवं इंटरनेट कॉर्पस	ग्लोबल हरयाणवी पहचान (Reels/Apps)

3.6 निष्कर्ष: ऐतिहासिक वैधता का प्रश्न

हरयाणवी मात्र शब्दों का यांत्रिक संकलन नहीं, बल्कि अपभ्रंश की वह जीवंत उत्तराधिकारी है जिसने कृषि-समाज के कठोर संघर्षों के बीच अपनी मौलिकता को बचाए रखा। यद्यपि सत्ता के केंद्रों ने सदैव इसकी दृश्यता को बाधित किया, किंतु इसके मूल भाषिक तत्व आज भी उतने ही सशक्त हैं जितने सहस्रों वर्ष पूर्व थे। ये ऐतिहासिक जड़ें ही हरयाणवी को 'बोली'

की श्रेणी से ऊपर उठाकर एक 'स्वतंत्र भाषा' के रूप में संवैधानिक मान्यता दिलाने हेतु एक वैध और अकादमिक आधार प्रदान करती हैं।

अध्याय–4 : लोक-छंद में Pingal प्रयोग : चयनित रागणियों का विश्लेषण

4.1 अध्याय-प्रस्तावना

हरयाणवी लोक-रागणी परंपरा में छंद-शास्त्रीय अनुशासन को अक्सर गौण माना गया है, किंतु यह शोध इस धारणा का खंडन करता है। यह अध्याय इस मूल स्थापना पर आधारित है कि लोक-छंद पिंगल शास्त्र की 'शिथिलता' नहीं, बल्कि उसका **'प्रयोजन मूलक विस्तार'** है। यहाँ चयनित रागणियों का विश्लेषण पिंगल के उन सक्रिय तत्वों को उजागर करता है जो मौखिक परंपरा को शास्त्रीय गरिमा प्रदान करते हैं।

4.2 पिंगल शास्त्र और लोक-छंद: कार्यशील संबंध

पिंगल शास्त्र के पारंपरिक अवयवों—मात्रा, यति, गति और तुकांत—को लोक-रागणी ने अपनी गेयता के अनुरूप ढाला है। आपके प्रकाशित लेखों के अनुसार, इसे **"Functional Pingal" (कार्यशील पिंगल)** के रूप में परिभाषित किया गया है। इसमें छंद का अनुशासन भाव-प्रवाह के अधीन होता है, जिससे मंचीय प्रस्तुति में भाव प्रेषणीयता (Communication) बढ़ जाती है।

4.3 रागणी–1: "बात पते की" (रचनाकार: आनन्द शाहपुर)

हरियाणे की सभ्यता पै, या काळी स्याही फिरगी
संस्कृति भी घटती घटती, तळै जमीं पै गिरगी

4.3.1 पिंगल विश्लेषण (साभार: 'दि एकेडेमिक' शोध-पत्र):

यह रागणी **मुक्त लोक-मात्रिक छंद** का उदाहरण है। आपके शोध के अनुसार, इसमें प्रति पंक्ति **20–24 मात्राओं** का विन्यास है। 10-12 मात्राओं पर आने वाली स्वाभाविक **'यति'** (विराम) सामाजिक पतन की गंभीरता को स्थिरता प्रदान करती है।

4.3.2 शास्त्रीय तत्व:

- **अंत्यानुप्रास:** 'फिरगी-गिरगी' जैसे पदों में **'गुरु-लघु' (S-I)** का संयोजन अंत में एक ध्वन्यात्मक प्रतिध्वनि (Echo) उत्पन्न करता है।

- **अनुप्रास:** "बीज बिघन" में वर्ण-मैत्री पिंगल के सौंदर्य शास्त्रीय पक्ष को पुष्ट करती है।

4.4 रागणी–2: "बेईमानी और लालच" (रचनाकार: आनन्द शाहपुर)

सोने की चिड़िया कहलावै पर, हिन्द कैसे भरै उडारी
बेईमानी और लालच की लोगो, देश कै लगी बिमारी

4.4.1 छंदात्मक अनुशासन:

इसमें **22–24 मात्राओं** का स्थिर विन्यास है। पिंगल की दृष्टि से यह 'व्यंग्य' के लिए अनुकूल छंद है क्योंकि इसमें 'गति' (Tempo) संतुलित रहती है।

4.4.2 पिंगल तत्व:

तुकांतों की निरंतरता (उडारी-बिमारी-भृष्टाचारी) मंचीय गायन के दौरान **'श्रवण-प्रभाव'** (Auditory Impact) को सघन करती है। यहाँ छंद भाव को बाधित करने के बजाय उसे 'अनुशासित' करता है।

4.5 रागणी–3: "अधराजण" (रचनाकार: आनन्द शाहपुर)

सूर्यवंश के कछवाहा गोत्र में, रजपुतों का उत्थान हुया
एक शहर बसाया था जयसिंह नै, जिसका जयपुर नाम हुया

4.5.1 वर्णिक समन्वय:

ऐतिहासिक गाथा होने के कारण इसमें **मिश्रित वर्णिक छंद** का प्रयोग है। प्रति पंक्ति **16–20 मात्राओं** का प्रवाह ऐतिहासिक वृत्तांत को एक 'एपिक' (Epic) गरिमा प्रदान करता है।

4.5.2 पिंगल तत्व:

'पुनरुक्ति' और **'क्रियात्मक तुकांत'** (हुया-आया-गया) लोक-गाथा शैली को शास्त्रीय आधार प्रदान करते हैं। यह विश्लेषण आपके द्वारा 'सांग' परंपरा पर किए गए शोध को पुष्ट करता है।

4.6 रागणी–4: "द्रौपदी" (रचनाकार: आनन्द शाहपुर)

न्यूं तै बतादे मनै, सासु माई मेरी री, क्यूकर कहया पाँचो भाई, बाँट कै नै खा ले

4.6.1 'चुकलिया' तर्ज़ और शास्त्रीय संरचना:

यह रागणी तर्ज़-आधारित छंद का उत्कृष्ट नमूना है। आपके शोध-पत्रों के अनुसार, इसमें **SLS लय (गुरु-लघु-गुरु)** की प्रधानता है, जो पिंगल के **'रगण'** ($– \cup –$) के अत्यंत समीप है।

4.6.2 पिंगल नवाचार:

प्रत्येक खंड के अंत में **'आवर्ती निष्कर्ष पंक्ति'** लोक-नाट्य में प्रयुक्त 'टेक' का कार्य करती है, जो पिंगल के 'स्थायित्व' नियम का लोक-संस्करण है।

4.7 रागणी–5: "किस्सा भगत पूरणमल" (रचनाकार: आनन्द शाहपुर)

खड़या हुया घणी देर का यो बाबा तेरे द्वार, घालदे भिक्षा तूँ आकै

4.7.1 संवादात्मक पिंगल:

इस रागणी में **दोहा-चौपाई** का मिश्रण दिखाई देता है। भक्ति भाव के अनुकूल इसमें **'यति'** का प्रयोग बहुत सूक्ष्म है, जिससे गायन में 'ठहराव' (Serenity) आता है।

4.7.2 ध्वन्यात्मक साम्य:

'डोल-बोल-ढोल' जैसे तुकांतों का प्रयोग आध्यात्मिक चेतना को जागृत करने के लिए किया गया है, जो पिंगल के **'स्वर-मैत्री'** सिद्धांत पर आधारित है।

4.8 रागणी–6: "हीर–राँझा" (रचनाकार: आनन्द शाहपुर)

धोखा दे कै पिता नै मारी, दिया खिल्या ज़हर लाड्डू में
ओ मेरा लिकड़्या जा सै दम, हो ना इस्सै जन्म संगम

4.8.1 पिंगल एवं छंदात्मक विश्लेषण (साभार: 'दि एकेडेमिक', 2026):

रागणी 23–28 का विश्लेषण यह सिद्ध करता है कि यहाँ **18 मात्राओं वाली सममात्रिक योजना** सक्रिय है। आपके शोध के अनुसार, करुण रस की प्रधानता के कारण यहाँ छंद का प्रवाह **'मंद और गंभीर'** हो जाता है।

4.8.2 शास्त्रीय विशेषता:

8-8 मात्राओं के पश्चात आने वाला **विराम (यति)** भावों की गहनता को बढ़ाता है। 'दम-गम-संगम' जैसे तुकांत पिंगल शास्त्र के सिद्धांतों का वह लोक-रूपांतरण हैं जो व्यक्तिगत त्रासदी को 'अमरत्व' प्रदान करते हैं।

4.9 तुलनात्मक सारणी: पिंगल एवं काव्य तत्वों का समन्वय

रागणी (रचनाकार: आनन्द शाहपुर)	**छंद प्रकार**	**सक्रिय पिंगल तत्व (शोध-संदर्भ)**	**प्रमुख विशेषता**
बात पते की	मुक्त लोक-मात्रिक	अंत्यानुप्रास, 20-24 मात्रा	सामाजिक विमर्श

रागणी (रचनाकार: आनन्द शाहपुर)	**छंद प्रकार**	**सक्रिय पिंगल तत्व (शोध-संदर्भ)**	**प्रमुख विशेषता**
बेईमानी और लालच	स्थिर लोक-छंद	नियमित यति, तुकांत	तीक्ष्ण व्यंग्य
अधराजण	वर्णिक/मिश्रित	पुनरुक्ति, ऐतिहासिक लय	लोक-इतिहास
द्रौपदी	तर्ज़-आधारित	रगण (SLS लय), टेक	नारी-चेतना
पूरणमल	संवादात्मक	स्पष्ट यति, स्वर-मैत्री	भक्ति एवं वैराग्य
हीर-राँझा	सममात्रिक (18 मात्रा)	करुण यति, अंत्य-गुरु	त्रासदी से अमरत्व

4.10 अध्याय निष्कर्ष

इस विश्लेषण से यह प्रमाणित होता है कि **कवि आनन्द शाहपुर** की रचनाएँ पिंगल शास्त्र के सिद्धांतों का जीवंत दस्तावेज हैं। हरयाणवी लोक-रागणी केवल एक मंचीय विधा नहीं, बल्कि **'छंद-बद्ध लोक-दर्शन'** है। पिंगल के नियम यहाँ 'बंधनों' के रूप में नहीं, बल्कि 'संवाहक' के रूप में

कार्य करते हैं। अतः यह निष्कर्ष निकलता है कि हरयाणवी लोक-छंद पिंगल शास्त्र का **'आत्मीय विस्तार'** है, जो अपनी जड़ों से शास्त्रीय और अपनी प्रस्तुति में वैश्विक है।

अध्याय 5 : लोक-छंद और हरयाणवी वाक्य-विन्यास

(Pingal परंपरा, लोक-अनुशासन और भाषिक संरचना का समन्वित अध्ययन)

5.1 अध्याय-प्रस्तावना

किसी भी भाषा की स्वतंत्र सत्ता केवल उसके शब्द-भंडार से नहीं, बल्कि उसके **वाक्य-विन्यास (Syntax)** से निर्धारित होती है। वाक्य-विन्यास वह ढांचा है जिसमें समाज अपनी चेतना, संस्कृति और शक्ति-संबंधों को ढालता है। **कवि आनन्द शाहपुर** का यह विश्लेषण इस भ्रांति का खंडन करता है कि हरयाणवी केवल हिंदी का एक क्षेत्रीय रूपांतरण है। यह अध्याय सिद्ध करता है कि हरयाणवी का वाक्य-विन्यास न केवल व्याकरणिक रूप से स्वतंत्र है, बल्कि वह हरियाणा की 'सामूहिक स्मृति' और 'स्वाभिमानी पहचान' का भाषिक उपकरण भी है।

5.2 वाक्य-विन्यास की सैद्धांतिक पृष्ठभूमि

सामान्यतः हिंदी और हरयाणवी दोनों **SOV (Subject + Object + Verb)** पद्धति का अनुसरण करती हैं, किंतु हरयाणवी में **'कार्यशील पिंगल'** के अनुरूप कई लोकानुकूल विचलन मिलते हैं। यहाँ वाक्य संरचना शब्दों के गणितीय क्रम से अधिक **बलाघात (Emphasis)** और **लहजे (Tone)** से नियंत्रित होती है।

5.3 हरयाणवी वाक्य-विन्यास की प्रमुख विशेषताएँ

5.3.1 कर्ता का लोप और संदर्भ-प्रधानता (Zero Subject Construction)

हरयाणवी में कर्ता (Subject) प्रायः लुप्त रहता है, क्योंकि संदर्भ (Context) स्वयं उसे परिभाषित कर देता है।

- **उदाहरण:** *"कह दिया था पहले।"* (यहाँ 'मैंने' कहने की आवश्यकता नहीं है)।

यह प्रवृत्ति हरियाणा के उस सामूहिक समाज की ओर संकेत करती है जहाँ "मैं" (Individual) के बजाय "हम" (Community) का बोध अधिक प्रबल है।

5.3.2 क्रिया-प्रधान संरचना (Verb-Centric Syntax)

हरयाणवी वाक्य-विन्यास में क्रिया को केंद्र में रखा जाता है। यह एक **'कर्म प्रधान'** समाज की भाषिक अभिव्यक्ति है।

- **उदाहरण:** *"जाणा सै?"* या *"करणा पड़ेगा।"*

यहाँ विचार (Thought) से अधिक कर्म (Action) को महत्ता दी गई है, जो इस माटी के जुझारू चरित्र को प्रतिबिंबित करता है।

5.3.3 सहायक क्रियाओं का सूक्ष्म प्रयोग

"सै, सैं, सैगा, होगा, हो रया सै" जैसी सहायक क्रियाएँ समय के साथ-साथ वक्ता के 'निश्चय' और 'संभाव्यता' को स्पष्ट करती हैं। यह सूक्ष्म काल बोध भाषा को तार्किक सटीकता प्रदान करता है।

5.4 प्रश्नवाचक वाक्य और सामाजिक शक्ति-संबंध

हरयाणवी में प्रश्न पूछना केवल सूचना प्राप्त करना नहीं, बल्कि अक्सर एक **'चुनौती'** देना या **'सामाजिक दबाव'** बनाना होता है।

- **उदाहरण:** *"तन्नै के लागै सै, यो ठीक सै?"*

यह वाक्य-विन्यास लोकतांत्रिक टकराव और पंचायत जैसी संस्थाओं में होने वाले सीधे संवाद का भाषिक रूप है। यहाँ प्रश्न सीधे सत्ता या व्यवस्था से टकराता है।

5.5 निषेधात्मक वाक्य: प्रतिरोध की स्पष्ट भाषा

हरयाणवी में निषेध (Negation) में कोई लाग-लपेट नहीं होती। यह 'प्रत्यक्षवाद' (Directness) का परिचायक है।

- **उदाहरण:** *"यो ना होवै।"* या *"ऐसा ना करया कर।"*

यह भाषिक साहस दर्शाता है कि यह समाज दबाव की स्थिति में भी मोल भाव (Negotiation) के बजाय स्पष्ट 'अस्वीकार' (Resistance) को प्राथमिकता देता है।

5.6 आज्ञार्थक वाक्य और सामुदायिक अनुशासन

हरयाणवी के आज्ञार्थक वाक्य (Imperative sentences) बाहरी व्यक्ति को कठोर लग सकते हैं, किंतु वे **'खाप'** और **'पारिवारिक अनुशासन'** की एक सुसंगठित व्यवस्था का संकेत हैं।

- **उदाहरण:** *"बैठ जा।"* या *"सुन ले पहले।"*

यह भाषा की वह संरचना है जो सामाजिक मर्यादा और बड़े-छोटों के मर्यादा-क्रम को बनाए रखती है।

5.7 लोक-रागणियों (कवि आनन्द शाहपुर) में वाक्य-विन्यास

कवि आनन्द शाहपुर की रागणियों (जैसे: *हीर-राँझा, अधराजण, द्रौपदी*) में वाक्य-विन्यास के निम्नलिखित आयाम उभरते हैं:

1. **संक्षिप्तता (Brevity):** वाक्य छोटे और तीव्र हैं जो मंचीय प्रभाव उत्पन्न करते हैं।
2. **क्रिया का अंत (Finality of Action):** क्रिया अंत में अत्यंत प्रबल होती है, जो 'पिंगल' के यति-नियमों को पुष्ट करती है।
3. **संवादात्मकता:** रागणियों में प्रश्न और निषेध की प्रचुरता उन्हें एक जीवंत 'लोक-नाट्य' का रूप देती है।

5.8 तुलनात्मक सारणी: हिंदी बनाम हरयाणवी (वाक्य-विन्यास)

पक्ष	हिंदी वाक्य-विन्यास	हरयाणवी वाक्य-विन्यास	सामाजिक निहितार्थ
कर्ता	स्पष्ट एवं अनिवार्य	प्रायः संदर्भ-प्रधान (लुप्त)	सामूहिकता का बोध
क्रिया	औपचारिक एवं अंत में	कर्मप्रधान एवं तीव्र	सक्रियता और श्रम
प्रश्न	सूचनापरक एवं विनम्र	चुनौतीपूर्ण एवं तार्किक	प्रतिरोध और संवाद
निषेध	परोक्ष या विनम्र	प्रत्यक्ष और स्पष्ट	साहस और स्पष्टवादिता
लहजा	शिष्ट और कोमल	स्वाभिमानी और ठोस	आत्मगौरव

5.9 अध्याय-निष्कर्ष

अतः यह निष्कर्ष पूर्णतः तर्कसंगत है कि हरयाणवी का वाक्य-विन्यास उसकी **'सामाजिक आत्मा'** की भाषिक अभिव्यक्ति है। यह भाषा केवल संवाद का माध्यम नहीं, बल्कि सामाजिक हस्तक्षेप का एक उपकरण है। वाक्य-विन्यास की यह स्वतंत्रता हरयाणवी को एक सुव्यवस्थित और समर्थ भाषा के रूप में स्थापित करती है। यह संरचना सिद्ध करती है कि

हरियाणा का समाज अपनी भाषा में स्वाभिमान, प्रतिरोध और सामूहिकता को एक साथ पिरोकर रखता है।

अध्याय–6: हरयाणवी वाक्य-विन्यास और सामाजिक विमर्श

(Pingal परंपरा, लोक-अनुशासन और भाषिक संरचना का समन्वित अध्ययन)

6.1 प्रस्तावना: लोक-छंद की मौखिक परंपरा और हरयाणवी भाषा

हरयाणवी लोक-साहित्य की आत्मा 'रागणी' में निहित है। यह केवल एक काव्य-विधा नहीं, बल्कि हरियाणा की सामूहिक स्मृति, नैतिकता और प्रतिरोध का सजीव माध्यम है। शास्त्रीय काव्य जहाँ ग्रंथीय नियमों से संचालित होता है, वहीं लोक-काव्य का आधार प्रदर्शन (Performance) और मौखिक संचरण है। **स्वतंत्र शोधकर्ता** के अनुसार, हरयाणवी लोक-छंद पिंगल के नियमों को जड़वत स्वीकार करने के बजाय उन्हें 'लोकानुकूल' बनाकर अपना स्वतंत्र विन्यास निर्मित करता है।

6.2 पिंगल शास्त्र और लोक-छंद: सैद्धांतिक परिप्रेक्ष्य

पिंगल शास्त्र मात्रा, यति, लय और तुक के आधार पर काव्य-संरचना को परिभाषित करता है। हरयाणवी लोक-छंद में ये नियम **"अनुभूत पिंगल"** के रूप में विद्यमान हैं:

- **लय बनाम गणित:** लोक-रचनाकार गणितीय मात्रा-गणना से अधिक 'श्रव्य लय' (Audible Rhythm) को महत्व देता है।

- **यति और मंचीय श्वास:** यहाँ विराम (यति) व्याकरणिक न होकर मंचीय श्वास और गायन की गति से निर्धारित होता है।
- **भावपूर्ण तुक:** तुकांत केवल ध्वनि-साम्य नहीं, बल्कि भाव-संगति का उपकरण है।

6.3 हरयाणवी लोक-छंद की संरचनात्मक विशेषताएँ (Corpus आधारित अध्ययन)

इस खंड में लेखक **कवि आनन्द शाहपुर** की प्रकाशित रचनाओं को आधार बनाकर छंदात्मक विश्लेषण किया गया है।

6.3.1 मुक्त लोक-छंद और पर्यावरणीय चेतना

(उदाहरण: "थारा मुद्दा थारी बात" — धरती की आह)
"धरती बोली – 'मैं थक गी सूँ', पेड़ काट्या, पाणी सुखा दिया..."

पिंगल विश्लेषण: यह रचना 'मुक्त मात्रिक लोक-छंद' का उदाहरण है। यहाँ छंद अराजक नहीं है, बल्कि समान लयात्मक खंडों में विभक्त है। यह स्वरूप गंभीर सामाजिक और पर्यावरणीय विमर्श के लिए अत्यंत प्रभावी है।

6.3.2 ऐतिहासिक लोक-महाकाव्य और दीर्घ चरण

(उदाहरण: "अधराजण")

"ओ धूर्जटी शिवशंकर भोळे, मनै तत का ज्ञान बतादे..."

पिंगल विश्लेषण: "अधराजण" में दीर्घ चरणों का प्रयोग कथात्मक प्रवाह को बनाए रखने के लिए किया गया है। यहाँ पिंगल का प्रयोग संरचनात्मक सुदृढ़ता के लिए है, जहाँ कथानक के साथ छंद बदलता है, किंतु मूल लय नहीं टूटती।

6.3.3 तर्ज़-आधारित छंद और गेयता

(उदाहरण: "किस्सा भगत पूरणमल" एवं "हीर-राँझा") **कवि आनन्द शाहपुर** की रागणियों में "निश्चित लोक-तर्ज़" का अनुशासन दिखाई देता है। 'हीर-राँझा' में प्रयुक्त तर्ज़ शास्त्रीय समचरणीय परंपरा के निकट है, जहाँ प्रत्येक चरण की लंबाई और तुकांत योजना मंचीय गायन के सटीक अनुकूल है।

6.4 हरयाणवी वाक्य-विन्यास: भाषिक अध्ययन

लोक-छंद के साथ हरयाणवी भाषा का वाक्य-विन्यास (Syntax) भी उसकी विशिष्ट पहचान है।

6.4.1 क्रिया-प्रधान संरचना

हरयाणवी वाक्य-विन्यास में क्रिया प्रायः अंत में आती है और निष्कर्ष को बल प्रदान करती है।

- **दृष्टांत:** *"कश्कोल हाथ में ठाकै राँझा मालिक के गुण गावण लाग्या"* यहाँ 'गावण लाग्या' (क्रिया) पूरे वाक्य के भाव को पूर्णता प्रदान करती है।

6.4.2 संवादात्मक वाक्य-विन्यास और नारी चेतना

(उदाहरण: "द्रौपदी: एक लोक चेतना")

"मैं तुम पाँचों का वरण करुँगी, पर मैं पति बाँट ना सकती..."

यहाँ प्रश्न-उत्तर शैली और 'प्रतिवादी स्वर' लोक-संवाद की जीवंत परंपरा को दर्शाते हैं। **कवि आनन्द शाहपुर** ने द्रौपदी के माध्यम से 'तार्किक वाक्य-विन्यास' का प्रयोग किया है, जो नारी के स्वाभिमान और दृढ़ निश्चय को संप्रेषित करता है।

6.4.3 पुनरुक्ति और लोक-विशेषण

"मैं-मैं", "तेरा-तेरा" जैसी पुनरुक्तियाँ और "न्यू", "इब", "जणू" जैसे लोक-विशेषण वाक्य को केवल भाषिक ही नहीं, बल्कि भावात्मक बलाघात (Emotional Emphasis) प्रदान करते हैं।

6.5 लोक-छंद, समाज और विमर्श

हरयाणवी लोक-छंद केवल कला नहीं, बल्कि वैचारिक हस्तक्षेप का माध्यम है:

1. **स्त्री चेतना:** द्रौपदी के माध्यम से पितृसत्तात्मक ढांचे को चुनौती।
2. **नैतिक विमर्श:** आधुनिक जीवन के मूल्यों के पतन पर प्रहार।
3. **इतिहास का लोक-पाठ:** अधराजण के माध्यम से सांस्कृतिक जड़ों की खोज।

6.6 निष्कर्ष: अकादमिक प्रासंगिकता

यह अध्याय प्रतिपादित करता है कि हरयाणवी लोक-छंद पिंगल-विहीन नहीं, बल्कि पिंगल-संपृक्त है। हरयाणवी वाक्य-विन्यास उसे एक 'बोली' से ऊपर उठाकर एक **'समर्थ पूर्ण भाषा'** के रूप में स्थापित करता है। यह शोध सिद्ध करता है कि रागणी एक गंभीर अकादमिक Corpus है, जो भाषा, समाज और इतिहास का संयुक्त दस्तावेज है।

अध्याय–7 : हरयाणवी का शब्द-निर्माण और शब्द-सामर्थ्य

(पिंगल परंपरा, लोक-अनुशासन और भाषिक संरचना का समन्वित अध्ययन)

7.1 अध्याय-प्रस्तावना

किसी भी बोली के 'भाषा' बनने की प्रक्रिया में उसका शब्द-निर्माण तंत्र सबसे निर्णायक होता है। शब्द केवल ध्वनियों का समूह नहीं होते, बल्कि वे समाज के इतिहास, श्रम और सांस्कृतिक स्मृति के संवाहक होते हैं। हरयाणवी के संदर्भ में एक बड़ा भाषिक पूर्वाग्रह यह रहा है कि इसके शब्दों को अक्सर "अशुद्ध" या "ग्रामीण" कहकर नकारा गया। **स्वतंत्र शोधकर्ता** का यह अध्ययन सिद्ध करता है कि हरयाणवी का शब्द-निर्माण तंत्र न केवल व्यवस्थित है, बल्कि वह सामाजिक अनुभवों को व्यक्त करने में शास्त्रीय हिंदी से भी अधिक सूक्ष्म और मारक है।

7.2 शब्द-निर्माण: सैद्धांतिक आधार

हरयाणवी में शब्द-निर्माण (Word Formation) लोक-अनुभव के धरातल पर होता है। इसमें प्रत्यय-योग, ध्वनि-अनुकरण और अर्थ-विस्तार की प्रक्रियाएं अत्यंत सक्रिय हैं। यहाँ शब्द का जन्म व्याकरण की प्रयोगशाला में नहीं, बल्कि खेतों की मेड़ों, चौपालों और 'सांग' के मंचों पर होता है।

7.3 हरयाणवी में प्रत्यय-आधारित शब्द-निर्माण

7.3.1 कर्ता-वाचक प्रत्यय (–ण्या)

हरयाणवी की सबसे विशिष्ट पहचान उसका **'–ण्या'** प्रत्यय है, जो कर्ता-भाव को एक विशेष गति प्रदान करता है।

- **कर** + **ण्या** = **करण्या** (करने वाला)
- **बोल** + **ण्या** = **बोलण्या** (वक्ता)
- **गा** + **ण्या** = **गाण्या** (गायक)

यह प्रत्यय हरयाणवी की अपनी मौलिक संपदा है, जो इसे अन्य समकालीन बोलियों से पृथक करती है।

7.3.2 भाव-वाचक प्रत्यय

हरयाणवी भावों के सूक्ष्म स्तरों को पकड़ने में सक्षम है। जैसे:

- **स्याणप** (समझदारी का भाव)
- **सच्चाई** (सत्य का गहरा भाव)
- **गुस्सेपन** (क्रोध की निरंतर स्थिति)

7.4 ध्वनि-अनुकरणात्मक शब्द (Onomatopoeia) और शब्द-सामर्थ्य

हरयाणवी में नाद-सौंदर्य (Sound Symbolism) प्रचुर मात्रा में मिलता है। **कवि आनन्द शाहपुर** की रागणियों में इन शब्दों का प्रयोग 'पिंगल' की गेयता को सुदृढ़ करता है:

- **खटाखट:** तेज आघात या त्वरित कार्य।
- **छनछन:** आभूषणों की लोक-ध्वनि।
- **ठसाठस:** सघनता या जन-समूह का दबाव।

यह सामर्थ्य दर्शाता है कि भाषा पर्यावरण की ध्वनियों के साथ कितनी गहराई से जुड़ी है।

7.5 अर्थ-विस्तार और सामाजिक विमर्श

हरयाणवी में शब्द केवल एक वस्तु का बोध नहीं कराते, बल्कि एक पूरे विमर्श को जन्म देते हैं:

- **"घर":** यह केवल चारदीवारी नहीं, बल्कि 'कुल की इज्जत' और 'परंपरा' का प्रतीक है।
- **"माटी":** यह केवल मिट्टी नहीं, बल्कि 'अस्मिता' और 'किसान के गौरव' का पर्याय है।

7.6 लोक-रागणियों (कवि आनन्द शाहपुर) में शब्द-सामर्थ्य

लेखक के Corpus (रागणियाँ: *हीर-राँझा, पूरणमल, अधराजण*) के विश्लेषण से ज्ञात होता है कि:

1. **क्रिया-प्रधान शब्द:** यहाँ शब्द 'होने' से अधिक 'करने' की प्रेरणा देते हैं।

2. **लोक-बलाघात:** शब्दों के उच्चारण में 'द्वित्व' (जैसे: लाड्डू, चिक्कण) का प्रयोग अर्थ को तीव्रता प्रदान करता है।

3. **सांस्कृतिक समास:** 'धरतीमाई' या 'खून-पसीना' जैसे संयुक्त शब्द श्रम-संस्कृति के भाषिक दस्तावेज हैं।

7.7 तुलनात्मक तालिका: हिंदी बनाम हरयाणवी शब्द-निर्माण

पक्ष	**हिंदी (संस्कृतनिष्ठ)**	**हरयाणवी (लोकजन्य)**	**प्रभाव**
प्रत्यय	औपचारिक (-वाला)	मौलिक एवं सघन (-ण्या)	सीधा संवाद
शब्द-प्रकृति	विश्लेषणात्मक (लंबी)	संश्लेषणात्मक (संक्षिप्त)	मारक क्षमता
ध्वनि-अनुकरण	सीमित एवं शास्त्रीय	प्रचुर एवं जीवंत	नाद-सौंदर्य
भाव-प्रेषणीयता	मध्यम	उच्च और स्पष्ट	स्वाभिमान

7.8 अध्याय-निष्कर्ष

इस अध्याय का निष्कर्ष यह है कि हरयाणवी का शब्द-निर्माण तंत्र अत्यंत उत्पादक (Productive) और व्यवस्थित है। यह भाषा न तो शब्द-विहीन है और न ही अभिव्यक्ति में अक्षम। इसमें वह समस्त भाषिक क्षमताएँ विद्यमान हैं जो एक 'मानक भाषा' के लिए आवश्यक होती हैं। **कवि आनन्द शाहपुर** की काव्य-साधना ने इन शब्दों को एक अकादमिक गरिमा प्रदान की है। अतः हरयाणवी का शब्द-सामर्थ्य उसे 'बोली' के संकुचित दायरे से मुक्त कर एक **'प्रतिष्ठित भाषा'** के रूप में स्थापित करता है।

अध्याय–8 : हरयाणवी में रूप-रचना (Morphology) और मानकीकरण

8.1 भूमिका: रूप-रचना का भाषिक महत्व

किसी भी भाषा की संरचनात्मक परिपक्वता का सबसे विश्वसनीय प्रमाण उसकी रूप-रचना प्रणाली होती है। रूप-रचना यह स्पष्ट करती है कि शब्द अपने मूल रूप से रूपांतरित होकर काल, वचन, लिंग और कारक की अभिव्यक्ति कैसे करते हैं। हरयाणवी के संदर्भ में यह भ्रांति लंबे समय तक व्याप्त रही कि इसमें व्याकरणिक स्थिरता का अभाव है। **स्वतंत्र शोधकर्ता** का यह अध्ययन इस भ्रांति का वैज्ञानिक खंडन करता है और सिद्ध करता है कि हरयाणवी की रूप-रचना प्रणाली मानकीकरण के योग्य एक पूर्ण और सुसंगत व्यवस्था है।

8.2 रूप-रचना: सैद्धांतिक पृष्ठभूमि

भाषाविज्ञान की दृष्टि से हरयाणवी में 'मुक्त रूपिम' (Free Morphemes) और 'बंध रूपिम' (Bound Morphemes) का अत्यंत सक्रिय प्रयोग मिलता है। यहाँ व्युत्पत्ति (Derivation) और रूपांतरण (Inflection) की प्रक्रियाएं लोक-अनुभव और मंचीय गेयता से अनुशासित हैं।

8.3 हरयाणवी में रूपिम (Morpheme) संरचना

8.3.1 मुक्त एवं बंध रूपिम

हरयाणवी में स्वतंत्र अर्थ रखने वाले शब्दों (घर, माणस, खेत) के साथ-साथ प्रत्ययात्मक बंध रूपों का सामंजस्य विशिष्ट है:

- **–ण्या (कर्ता):** बोलण्या, लिखण्या।
- **–पण (भाव):** स्याणपण, भोळापण।
- **–आ (लिंग/वचन):** छोरा, घड़ा।

8.4 व्याकरणिक रूपांतरण (Inflectional Analysis)

8.4.1 संज्ञा: लिंग और वचन

हरयाणवी में लिंग और वचन निर्धारण की पद्धति नियमित है:

- **लिंग:** छोरा → छोरी; किसान → किसानणी।
- **वचन:** छोरा → छोरे; किताब → किताबां; गाड़ी → गाड़ियां।

यहाँ '–आं' प्रत्यय (जैसे किताबां) हरयाणवी वचन-रचना की एक मानक पहचान है।

8.4.2 सर्वनाम की रूप-रचना

हरयाणवी सर्वनाम सामाजिक दूरी और आत्मीयता के सूक्ष्म स्तरों को व्यक्त करते हैं:

- **उत्तम पुरुष:** मैं, हम।
- **मध्यम पुरुष:** तू, तैं, तुम, थम।

- **अन्य पुरुष:** वो, वे, नु, न्यू।

8.5 क्रिया की रूप-रचना (Verb Morphology)

हरयाणवी में क्रिया रूप-रचना काल और पुरुष के अनुसार अत्यंत व्यवस्थित है। **कवि आनन्द शाहपुर** की रागणियों में इसका प्रयोग लयबद्धता सुनिश्चित करता है:

- **वर्तमान:** मैं जा सैं / वो करै सै।
- **भूतकाल:** मैं गया था / हमने करया था।
- **भविष्य:** मैं जाऊँगा / वे आवेंगे।

सहायक क्रियाओं (सै, था, गा) का प्रयोग यहाँ काल-बोध को स्पष्ट और मारक बनाता है।

8.6 कारक और परसर्ग (Case and Post-positions)

हरयाणवी के कारक चिह्न (परसर्ग) सरल किंतु स्थिर हैं:

- **कर्ता:** राम **नै**
- **कर्म:** किताब **नै**
- **अधिकरण:** घर **म्हैं** / बाहर **नै**

8.7 रूप-रचना और लोक-काव्य (कवि आनन्द शाहपुर Corpus)

लेखक की रागणियों के विश्लेषण से ज्ञात होता है कि काव्य में रूप-रचना को 'पिंगल' के अनुसार ढाला गया है:

1. **लयबद्ध रूपिम:** छंद की मात्रा पूर्ण करने के लिए शब्दों के संक्षिप्त या विस्तारित रूपों का प्रयोग।

2. **क्रिया-प्रधान रूप:** "करण लाग्या", "गावण लाग्या" जैसे प्रयोग कथा को गति प्रदान करते हैं।

8.8 मानकीकरण की संभावनाएँ और दिशा

हरयाणवी को एक मानक भाषा के रूप में प्रतिष्ठित करने हेतु निम्नलिखित कदम आवश्यक हैं:

- **बहु प्रचलित रूपों का चयन:** विभिन्न अंचलों में प्रचलित साझा व्याकरणिक रूपों को मानक मानना।
- **साहित्यिक संतुलन:** लोक-बोलियों और लिखित साहित्य के व्याकरण का समन्वय।
- **नियमबद्धता:** व्याकरणिक अपवादों को चिन्हित कर उन्हें एक व्यवस्थित ढांचे में लाना।

8.9 तुलनात्मक अवलोकन: हिंदी बनाम हरयाणवी

पक्ष	हिंदी रूप-रचना	हरयाणवी रूप-रचना
आधार	संस्कृतनिष्ठ / मानक	लोक-अनुभवजन्य / प्रवाही
रूपांतरण	औपचारिक एवं जटिल	प्रत्यक्ष एवं प्रभावी

पक्ष	**हिंदी रूप-रचना**	**हरयाणवी रूप-रचना**
लचीलापन	सीमित	उच्च (गेयता के अनुकूल)
अभिव्यक्ति	विवरणात्मक	क्रिया-केंद्रित एवं स्वाभिमानी

8.10 अध्याय-निष्कर्ष

यह अध्याय निर्विवाद रूप से स्थापित करता है कि हरयाणवी की रूप-रचना पूर्णतः व्यवस्थित और नियमबद्ध है। इसे "अव्याकरणिक बोली" कहना एक बड़ी भाषावैज्ञानिक भूल है। संज्ञा, सर्वनाम और क्रिया के स्तर पर इसकी सुसंगत प्रणाली इसे एक स्वतंत्र और मानक भाषा के रूप में प्रतिष्ठित करने का ठोस आधार प्रदान करती है। **कवि आनन्द शाहपुर** का काव्य इस रूप-रचना की जीवंत प्रयोगशाला है, जो मानकीकरण की प्रक्रिया को और अधिक सुलभ और प्रमाणिक बनाता है।

अध्याय–9 : हरयाणवी भाषा का मानकीकरण : चुनौतियाँ, नीति और भविष्य

9.1 भूमिका: मानकीकरण क्यों आवश्यक है?

किसी भी बोली के 'भाषा' बनने की यात्रा में मानकीकरण (Standardization) सबसे निर्णायक और अंतिम चरण होता है। मानकीकरण वह सेतु है जो लोक-साहित्य को अकादमिक स्वीकृति और प्रशासनिक वैधता तक पहुँचाता है। **स्वतंत्र शोधकर्ता** का यह शोध प्रतिपादित करता है कि हरयाणवी अब केवल क्षेत्रीय बोलचाल की सीमा में नहीं है; यह एक समृद्ध व्याकरणिक संरचना (छंद, पिंगल, वाक्य-विन्यास) और विस्तृत साहित्य संपन्न भाषा बन चुकी है। अतः, अब प्रश्न इसकी सामर्थ्य का नहीं, बल्कि इसके नीतिगत समावेशन और मानकीकरण का है।

9.2 हरयाणवी मानकीकरण की ऐतिहासिक पृष्ठभूमि

हरयाणवी को लंबे समय तक औपनिवेशिक भाषा वर्गीकरण और देवनागरी-केंद्रित हिंदी विस्तार के कारण "हिंदी की एक बोली" मात्र माना गया। किन्तु 21वीं सदी में ISBN युक्त पुस्तकों के प्रकाशन, विश्वविद्यालयों में शोध (M.A./Ph.D.) और आधुनिक सामाजिक विमर्शों ने हरयाणवी को मानकीकरण के योग्य धरातल प्रदान किया है।

9.3 मानकीकरण की प्रमुख चुनौतियाँ

मानकीकरण की राह में कुछ मौलिक बाधाएँ हैं, जिनका समाधान अनिवार्य है:

- **क्षेत्रीय विविधता:** बागड़ी, देशवाली, अहीरवाटी और मेवाती जैसी उप-बोलियों के मध्य एक 'साझा मानक' (Inclusive Standard) विकसित करना।
- **लिपि और वर्तनी की एकरूपता:** देवनागरी में ध्वन्यात्मक सुसंगति और सरल वर्तनी नियमों का निर्धारण।
- **सामाजिक-मानसिक अवरोध:** उस धारणा को तोड़ना कि "हरयाणवी केवल बोलने की भाषा है, पढ़ने की नहीं।"

9.4 मानकीकरण के लिए नीतिगत ढाँचा (Proposed Policy Framework)

हरयाणवी के गौरव की पुनर्स्थापना हेतु एक त्रि-स्तरीय मॉडल प्रस्तावित है:

1. **शैक्षणिक स्तर (Academic Level):** विश्वविद्यालयों में 'हरयाणवी अध्ययन केंद्र' की स्थापना, मानक व्याकरण ग्रंथों का निर्माण और पाठ्यक्रम में समावेशन।
2. **सांस्कृतिक स्तर (Cultural Level):** रागणियों और लोक-नाटकों का शास्त्रीय दस्तावेजीकरण तथा साहित्यिक अनुवाद परियोजनाओं को प्रोत्साहन।

3. **प्रशासनिक स्तर (Institutional Level):** हरयाणवी को वैकल्पिक विषय के रूप में मान्यता और राज्य-स्तरीय भाषा नीति में स्थान।

9.5 तुलनात्मक विश्लेषण: सफलता के पथ

मैथिली, अवधी और राजस्थानी जैसी भाषाओं का उदाहरण यह सिद्ध करता है कि अकादमिक प्रयास और लोक-समर्थन किसी भी बोली को 'स्वतंत्र भाषा' और 'अकादमिक विषय' के रूप में प्रतिष्ठित कर सकते हैं। हरयाणवी का दावा इन उदाहरणों के प्रकाश में अत्यंत सुदृढ़ और तर्कसंगत है।

9.6 'Triad Mission' के संदर्भ में मानकीकरण

कवि आनन्द शाहपुर का **Triad Mission** मानकीकरण के तीनों अनिवार्य स्तंभों को संबोधित करता है:

- **लोक-साहित्य:** रागणियों और महाकाव्यों के माध्यम से व्यापक *Corpus* प्रदान करना।
- **व्याकरणिक विश्लेषण:** छंद, पिंगल, और रूप-रचना के वैज्ञानिक नियम स्थापित करना।
- **आधुनिक विमर्श:** अनुवाद और समसामयिक विषयों के माध्यम से भाषा को प्रासंगिक बनाना। यह मिशन केवल साहित्य-संग्रह नहीं, बल्कि एक *Corpus + Grammar + Policy* मॉडल है, जो राज्य-स्तरीय स्वीकृति के लिए ठोस आधारशिला है।

9.7 भविष्य की दिशा: रोडमैप (Roadmap 2026-2035)

- **अल्पकालिक (1–3 वर्ष):** मानक शब्दकोश का प्रकाशन और प्रारंभिक पाठ्यक्रमों में चयन।
- **मध्यकालिक (3–5 वर्ष):** डिजिटल कॉर्पस (Digital Corpus) का निर्माण और स्कूल स्तर पर वैकल्पिक विषय।
- **दीर्घकालिक (5–10 वर्ष):** राज्य भाषा नीति में पूर्ण स्थान और अंतर-विश्वविद्यालय मान्यता।

9.8 अध्याय-निष्कर्ष

हरयाणवी भाषा मानकीकरण के सभी भाषावैज्ञानिक मानदंडों को पूर्ण करती है। चुनौतियाँ वास्तविक हैं, परंतु समाधान व्यावहारिक और उपलब्ध हैं। यह अध्याय स्पष्ट करता है कि हरयाणवी का मानकीकरण केवल भाषाई माँग नहीं, बल्कि हरियाणा की सांस्कृतिक और शैक्षणिक अस्मिता की रक्षा हेतु एक अनिवार्य आवश्यकता है। **कवि आनन्द शाहपुर** के प्रयास इस मानकीकरण की दिशा में मील का पत्थर सिद्ध होंगे।

अध्याय 10: लोक-इतिहास और मौखिक परंपरा — अनकही स्मृतियों का आख्यान

(पिंगल परंपरा, लोक-अनुशासन और भाषिक संरचना का समन्वित अध्ययन)

10.1 प्रस्तावना: कागज़ से परे का इतिहास

इतिहास केवल वह नहीं होता जो राजकीय अभिलेखागारों (Archives) और शिलालेखों में दर्ज है। एक जीवंत समाज अपना इतिहास अपनी वाणी और सामूहिक स्मृति में संजोता है। हरयाणवी के संदर्भ में **'मौखिक परंपरा' (Oral Tradition)** ही वह प्राथमिक स्रोत है, जिसने विदेशी आक्रमणों, सामाजिक परिवर्तनों और कृषक संघर्षों को 'रागनी' और 'सांग' के रूप में जीवित रखा है। यह अध्याय विश्लेषण करता है कि कैसे हरयाणवी भाषा ने एक 'अनौपचारिक इतिहासकार' की भूमिका निभाते हुए लोक-चेतना को दिशा दी है।

10.2 पंडित लखमीचंद: कालचक्र के भाष्यकार

सूर्य-कवि पंडित लखमीचंद ने अपनी रागणियों में केवल कथाएँ नहीं सुनाईं, बल्कि काल के प्रवाह की गवाही दी है। उनके 'रणबीर-पद्मावत' जैसे सांगों में वे अतीत को वर्तमान से जोड़ते हुए 'ब्रह्मज्ञान' की स्थापना करते हैं:

*"सतजुग गया और त्रेता बीत गया, द्वापर के मांह कृष्ण अवतार भया...
इब कलयुग के मांह देख ले बंदे, धर्म का सारा खेल निराधार भया।"*

विश्लेषण: यह रागनी हिन्दू दर्शन के चार युगों के माध्यम से संसार की नश्वरता को समझाती है। लखमीचंद जी का यह 'मौखिक दस्तावेजीकरण' शास्त्रीय पुराणों को लोक-मानस की सरल भाषा में ढालकर इतिहास को जन-सुलभ बनाता है।

10.3 रागनी: छंदबद्ध ऐतिहासिक पंजीकरण

हरयाणवी रागनी केवल मनोरंजन का साधन नहीं, बल्कि घटनाओं का 'काव्यात्मक पंजीकरण' (Poetic Registration) है।

- **सैन्य इतिहास:** शहीद मेहर सिंह की रागणियों में विश्व युद्ध और सीमा संघर्ष का जो वर्णन मिलता है, वह सरकारी 'मिलिट्री रिकॉर्ड' से कहीं अधिक मानवीय और संवेदी है।
- **भाषाई सेतु:** इन रागणियों ने कूटनीतिक और युद्ध-संबंधी कठिन शब्दावली को लोक-मानस की सहज भाषा में ढालकर उसे जन-स्मृति में अमर बना दिया।

10.4 सांग (Swang): सामूहिक स्मृति का मंचन

सांग परंपरा ने हरियाणा के 'सांस्कृतिक भूगोल' को परिभाषित किया है।

- **चरित्रों का पुनर्जीवन:** बाजे भगत और मांगेराम जैसे उस्तादों ने 'अमर सिंह राठौर' और 'निहालदे' के माध्यम से लोक-मानस में स्वाभिमान के बीज बोए।

- **भाषाई एकीकरण:** सांग मंडलियों के क्षेत्रीय भ्रमण ने 'बांगर', 'अहीरवाल' और 'ब्रज' के विशिष्ट शब्दों का आदान-प्रदान किया, जिससे हरयाणवी एक व्यापक भाषाई सूत्र में पिरोई गई।

10.5 लोक-इतिहास बनाम अकादमिक इतिहास

जहाँ अकादमिक इतिहास अक्सर सत्ता के केंद्रों के इर्द-गिर्द घूमता है, वहीं हरयाणवी लोक-इतिहास **'आम आदमी' (Peasantry)** के नज़रिए से रचा गया है।

- **स्वदेशी दृष्टिकोण:** यहाँ नायक वह राजा नहीं जो महलों में है, बल्कि वह है जो अपनी धरती और अपनी 'खाप' की मर्यादा के लिए संघर्ष करता है।
- **भाषिक शक्ति:** 'राड़', 'बैर', 'खामखा' और 'स्वाभिमान' जैसे शब्दों का जो अर्थ लोक-इतिहास में निहित है, वह मानक अनुवादों में अपना मूल प्रभाव खो देता है।

10.6 आधुनिक संदर्भ: कवि आनन्द शाहपुर की ऐतिहासिक दृष्टि

लोक-इतिहास की इसी कड़ी को आधुनिक संदर्भ देते हुए **कवि आनन्द शाहपुर** अपनी रचनाओं में 'वंशावली और गौरव' की गवाही देते हैं:

"ब्रह्मा के मानस पुत्र नै, इस धरती का उद्धार किया...
राजा दक्ष प्रजापति नै, इस सृष्टि का विस्तार किया।
धर्म सरीखी रीत चलाई, अधर्म का बहिष्कार किया।"

निष्कर्ष: यह पंक्तियाँ सिद्ध करती हैं कि आधुनिक हरयाणवी कवि आज भी अपनी मौखिक परंपरा के माध्यम से अपने 'मूल' (Roots) और ऐतिहासिक गौरव को जीवित रखने का निरंतर संघर्ष कर रहा है।

10.7 निष्कर्ष: स्मृतियों का व्याकरण

लोक-इतिहास और मौखिक परंपरा हरयाणवी भाषा की वह रीढ़ है, जिसके बिना यह भाषा 'प्राणहीन' हो जाती। यदि हरयाणवी को एक पूर्ण 'भाषा' के रूप में स्थापित करना है, तो हमें इन मौखिक साक्ष्यों को अकादमिक मान्यता दिलानी होगी। स्मृतियों का यह व्याकरण ही भविष्य के शब्दकोश और गौरवशाली इतिहास का वास्तविक आधार बनेगा।

अध्याय 11: हरयाणवी लोक-चेतना में स्त्री — सामर्थ्य, संघर्ष और अस्मिता

(पिंगल परंपरा, लोक-अनुशासन और भाषिक संरचना का समन्वित अध्ययन)

11.1 प्रस्तावना: घूँघट के पीछे का मुखर स्वर

हरयाणवी समाज के बारे में अक्सर यह भ्रांति रही है कि यहाँ स्त्री का स्वर हाशिए पर है। किंतु लोक-साहित्य, विशेषकर रागनियों और सांगों का गहन अध्ययन यह सिद्ध करता है कि हरयाणवी स्त्री ने सदैव अपने अधिकारों, मर्यादा और सामर्थ्य के लिए मुखर आवाज़ उठाई है। यह अध्याय केवल 'पितृसत्ता' के संदर्भ में नहीं, बल्कि 'स्त्री की स्वायत्तता' और उसके 'नैतिक नेतृत्व' के परिप्रेक्ष्य में हरयाणवी भाषा का विश्लेषण करता है।

11.2 सांग परंपरा: निर्णय लेने वाली शक्ति के रूप में स्त्री

पंडित लखमीचंद और बाजे भगत के सांगों में 'पद्मावत' या 'तारा' जैसे पात्रों के माध्यम से स्त्री को केवल एक वस्तु नहीं, बल्कि एक 'निर्णय लेने वाली शक्ति' के रूप में चित्रित किया गया है।

पंडित लखमीचंद की दृष्टि: *"सतवंती जो नार जगत में, उसनै जग झुक कर करै प्रणाम। उसका रक्षक स्वयं विधाता, बिगड़े बण ज्यां सारे काम।।"*

विश्लेषण: यहाँ दादा लखमीचंद 'सत्य' और 'चरित्र' को स्त्री का सबसे बड़ा हथियार मानते हैं। "राजा हरिशचन्द्र" के प्रसंग में रानी तारामती का अडिग

विश्वास यह दर्शाता है कि लोक-चेतना में स्त्री का 'नैतिक बल' ईश्वरीय शक्ति के तुल्य है।

11.3 भाषिक सामर्थ्य: संबोधन और सक्रियता

हरयाणवी शब्दावली में स्त्री के संबोधन उसकी कार्य क्षमता और सामाजिक स्थिति को परिभाषित करते हैं। 'बहु', 'जाया', 'दादी'—प्रत्येक संबोधन के साथ एक विशेष अधिकार और सम्मान निहित है।

- **श्रम की संस्कृति:** खेती-बाड़ी में पुरुष के साथ कंधे से कंधा मिलाकर चलना हरयाणवी स्त्री को आर्थिक और मानसिक रूप से अधिक 'मजबूत' और 'स्वावलंबी' बनाता है।

11.4 कुरीतियों के विरुद्ध 'लोक-चेतावनी'

हरयाणवी रागनियों ने सदैव दहेज प्रथा, घूँघट और कन्या भ्रूण हत्या जैसी कुरीतियों के विरुद्ध योद्धा की तरह कार्य किया है। लोक-कवियों ने स्त्री को केवल 'पीड़ित' (Victim) के रूप में नहीं, बल्कि सामाजिक विसंगतियों पर प्रहार करने वाली 'क्रांतिकारी' शक्ति के रूप में प्रस्तुत किया है।

11.5 आधुनिक संदर्भ: कवि आनन्द शाहपुर की 'अधराजण'

लोक-इतिहास की इसी कड़ी को आधुनिक स्त्री विमर्श से जोड़ते हुए **आनन्द शाहपुर** की पंक्तियाँ एक 'साझीदार नारी' का खाका खींचती हैं:

"बुरा लगो या भला लगो सदा, हक्क की बात कहूँगी मैं...
सत की खातिर लड़ ज्यांगी, सच का दम भरूँगीं मैं...
मैं चारेक कदम चलूँगी हो, जै तूँ एक भी कदम बढ़ावै।"

विश्लेषण: 'अधराजण' की ये पंक्तियाँ पारंपरिक रागनी विधा को आधुनिक नारी के स्वाभिमान से जोड़ती हैं। यहाँ स्त्री मूक समर्पण के स्थान पर न्यायप्रियता, अत्याचार के विरुद्ध प्रतिरोध और समानता के आधार पर 'सात जन्मों का साथ' निभाने की शर्त रखती है। यह 'तार्किक पतिव्रत' का एक नया भाष्य है।

11.6 निष्कर्ष: स्त्री अस्मिता और भाषा का भविष्य

हरयाणवी भाषा का पुनर्जागरण स्त्री के मुखर स्वर के बिना अधूरा है। जिस समाज की शब्दावली में स्त्री को 'शक्ति' और 'सतवंती' का दर्जा प्राप्त हो, वहाँ भाषाई आंदोलन का नेतृत्व भी उन्हीं के सांस्कृतिक बोध से संचालित होगा। हरयाणवी को संवैधानिक दर्जा दिलाने के इस महासंग्राम में स्त्री का यह स्वाभिमानी स्वर ही सबसे बड़ी पूँजी सिद्ध होगा।

अध्याय 12: हरयाणवी की भाषिक बनावट — संरचना से प्रयोग तक

12.1 प्रस्तावना: संरचनात्मक स्वायत्तता का आधार

हरयाणवी भाषा की संरचना केवल शब्दों का समूह नहीं, बल्कि विशिष्ट ध्वनियों, अनूठे क्रिया-रूपों और एक समृद्ध शब्द-संपदा का जीवंत समन्वय है। यह अध्याय ध्वन्यात्मक (Phonetic) स्तर से लेकर वाक्य (Syntactic) स्तर तक का विश्लेषण प्रस्तुत करता है। हमारा उद्देश्य हरयाणवी को 'हिंदी की उप बोली' के संकुचित वर्गीकरण से मुक्त कर इसे एक पूर्ण और वैज्ञानिक भाषिक प्रणाली के रूप में प्रतिष्ठित करना है।

पंडित लखमीचंद की वाणी में स्वर-शक्ति:

"माणस का तन पाकर बंदे, कर्म करे क्यों मंदे रे।
बिना भजन और बिना भक्ति के, गले पड़ेंगे फंदे रे॥"

विश्लेषण: दादा लखमीचंद के इन पदों में हरयाणवी ध्वनियों का 'खरापन' स्पष्ट झलकता है, जो सीधे लोक-मानस को नैतिक चेतावनी देता है।

12.2 ध्वनियाँ: खरापन और टोनल वैशिष्ट्य

हरयाणवी ध्वन्यात्मक प्रणाली की सबसे प्रमुख विशेषता इसका **'खर-पान' (Guttural)** स्वभाव है।

- **ध्वन्यात्मक रूपांतरण:** हिंदी की कोमल ध्वनियाँ हरयाणवी के कृषि-परिवेश में आकर अधिक सशक्त और रगड़ युक्त (Fricative) हो जाती हैं।

- **सांस्कृतिक संदर्भ:** यह 'टोनल' विशेषता केवल उच्चारण नहीं, बल्कि खुले खेतों में दूर तक अपनी आवाज पहुँचाने की भौगोलिक आवश्यकता का प्रतिफलन है।

12.3 क्रिया-रूप: 'सै' प्रत्यय की सत्ता

हरयाणवी क्रिया-प्रणाली की रीढ़ इसका **'सै' प्रत्यय** है। यह हिंदी के जटिल 'रहा है/रही है' जैसे रूपों को संक्षिप्त और मारक बनाता है।

- **वर्तमान (निरंतरता):** जाऊँ सै।

- **भविष्यत (संभावना):** आवै सोगा।

- **पूर्णक (समापन):** होग्या।

लोक-साक्ष्य के रूप में सांग और रागनी परंपरा में यह क्रिया-रूप संवाद को तीव्र गति और भाषाई सहजता प्रदान करते हैं।

12.4 वाक्य-रचना और प्रश्नवाचक शब्द

हरयाणवी में वाक्य संरचना अत्यंत लचीली और प्रभावशाली है। प्रश्न पूछने के लिए 'कां' या 'के' का प्रयोग अक्सर वाक्य के अंत में होता है, जो वक्ता की जिज्ञासा को एक विशिष्ट 'लय' (Pitch) प्रदान करता है।

- **उदाहरण:** *"ट्रैक्टर खराब होग्या के?"* — यहाँ अंत में 'के' का प्रयोग जिज्ञासा को अधिक मारक बनाता है।

12.5 ठेठ शब्द-संपदा: मिट्टी की सुगंध और 'टोह' का दर्शन

हरयाणवी शब्दावली लोक-न्याय और गहरे अनुभव पर आधारित है। **कवि आनन्द शाहपुर** अपनी रचनाओं में इन ठेठ शब्दों को आध्यात्मिक गरिमा प्रदान करते हैं:

"नाम धर्म का ले ले कै नै सब उल्टे धंधे करते हैं...
आनन्द शाहपुर नेक चालकै, टोह ले मुक्ति मोक्ष द्वार।"

विश्लेषण: यहाँ 'टोह' शब्द का प्रयोग केवल 'ढूंढने' के लिए नहीं, बल्कि सत्य की 'गहरी खोज' (Deep Investigation) के लिए किया गया है। यह हरयाणवी की उस दार्शनिक क्षमता का प्रमाण है, जिसका हूबहू अनुवाद मानक हिंदी में असंभव है।

12.6 संरचनात्मक तुलना: हरयाणवी बनाम हिंदी

तत्व	हरयाणवी (मानक रूप)	मानक हिंदी	भाषाई प्रभाव
ध्वनि	केहर (खर-पान)	कहर (कोमलता)	स्पष्टता और शक्ति
क्रिया	जाऊँ सै	जा रहा हूँ	गति और संक्षिप्तता

तत्व	हरयाणवी (मानक रूप)	मानक हिंदी	भाषाई प्रभाव
सर्वनाम	म्हां / तो	हम / आप	आत्मीयता और लोक-जुड़ाव
प्रश्न	कां ना खाए सै?	क्यों नहीं खा रहे?	विशिष्ट भाषाई लय

12.7 निष्कर्ष: पूर्ण भाषाई वैधता

इस संरचनात्मक विश्लेषण से सिद्ध होता है कि हरयाणवी की अपनी स्वतंत्र व्याकरणिक नियमावली है। मानक हिंदी से लगभग 40% से अधिक का यह रूपांतरण इसे 'बोली' की श्रेणी से ऊपर उठाकर 'भाषा' की श्रेणी में स्थापित करने के लिए पर्याप्त वैज्ञानिक प्रमाण है। इस भाषाई सामर्थ्य को अब एक औपचारिक व्याकरण ग्रंथ (Grammar Book) के रूप में संकलित कर राजकीय मान्यता दिलाना समय की मांग है।

अध्याय 13: भाषा-चेतना के चार स्तंभ — स्मृति, संस्कृति, स्वाभिमान और सत्ता

13.1 प्रस्तावना: भाषा विज्ञान से परे की खोज

सामान्यतः भाषा का अध्ययन केवल ध्वनियों और व्याकरण तक सीमित रहता है, किंतु **'भाषा-चेतना' (Linguistic Consciousness)** वह सामूहिक अनुभूति है जो एक समुदाय को अपनी वाणी के प्रति जागरूक और उत्तरदायी बनाती है। हरयाणवी के संदर्भ में यह चेतना चार सशक्त स्तंभों पर टिकी है, जो इसे केवल एक क्षेत्रीय बोली से ऊपर उठाकर एक 'सभ्यतागत पहचान' प्रदान करते हैं।

13.2 स्तंभ 1: स्मृति (Memory) — मौखिक इतिहास का कोशागार

जहाँ लिखित दस्तावेज़ अनुपलब्ध होते हैं, वहाँ हरयाणवी लोक-साहित्य सामूहिक स्मृति बनकर खड़ा होता है। **पंडित लखमीचंद** ने अपनी रागणियों के माध्यम से 'बीते वक्त' को केवल किस्सा नहीं, बल्कि आने वाली पीढ़ियों के लिए एक नैतिक नसीहत बना दिया:

"कौड़ी-कौड़ी माया जोड़ी, भर लिए अपने कोठे।
न्याय-धरम की छोड़ दी मारग, चलने लगा तू खोटे।
साथ चले ना एक धेला भी, पड़ ज्यां सब कुछ ओटे।।"

विश्लेषण: यह स्तंभ अतीत के उन अनुभवों को सुरक्षित रखता है जो आज के भौतिक वादी युग में समाज को अपनी जड़ों और नैतिक मूल्यों की याद दिलाते हैं।

13.3 स्तंभ 2: संस्कृति (Culture) — जीवन-चक्र की शब्दावली

हरयाणवी संस्कृति के उत्सवों, कृषि-चक्र और लोक-रिवाजों ने एक ऐसी विशिष्ट शब्दावली को जन्म दिया है जो अन्य भाषाओं में अप्राप्य है। 'राड़', 'टोह', 'खाप' और 'गेल' जैसे शब्द केवल संज्ञाएँ नहीं, बल्कि हरियाणा की जीवनशैली के जीवंत प्रतीक हैं। यदि यह संस्कृति लुप्त होगी, तो ये शब्द भी विस्मृत हो जाएंगे; अतः भाषा का संरक्षण संस्कृति का संरक्षण है।

13.4 स्तंभ 3: स्वाभिमान (Identity) — लज्जा से गौरव तक का सफ़र

यह स्तंभ सबसे क्रांतिकारी है। भाषा-चेतना का अर्थ है—अपनी मातृभाषा को बोलने में हीनभावना के बजाय गौरव की अनुभूति करना। **कवि आनन्द शाहपुर** अपनी रागनी 44 में उन लोगों पर कठोर चोट करते हैं जो अपनी जड़ों को भूलकर पाखंड का चोला ओढ़ लेते हैं:

"भगवे गैल्या राम जोड़या भोळा जोड़या भाँग तै...
औरत नै प्रताड़ित करते सारी सीमा लाँघ कै...
नाम धर्म का ले ले कै नै सब उल्टे धंधे करते हैं,
आनन्द शाहपुर नेक चालकै, टोह ले मुक्ति मोक्ष द्वार।"

विश्लेषण: यहाँ 'नेक चाल' और अपनी 'टोह' (खोज) स्वयं लेने का आग्रह उस आत्मगौरव का प्रतीक है, जहाँ कवि उधार ली हुई पहचान को

ठुकराकर अपनी 'ठेठ' हरयाणवी पहचान पर गर्व करता है। यह स्वाभिमान ही भाषिक पुनर्जागरण की वास्तविक नींव है।

13.5 स्तंभ 4: सत्ता (Power & Politics) — मान्यता का संघर्ष

अंतिम स्तंभ 'सत्ता' है। किसी भी भाषा को 'शासन का माध्यम' बने बिना पूर्ण स्वीकार्यता नहीं मिलती। जिस प्रकार मैथिली और बोडो ने अपनी राजनीतिक शक्ति से भाषायी मान्यता प्राप्त की, हरयाणवी को भी अपनी लोकतांत्रिक ताकत को 'भाषाई ताकत' में बदलना होगा। जब तक नीति-निर्धारण में हरयाणवी का स्थान सुनिश्चित नहीं होता, यह सांस्कृतिक संघर्ष अधूरा है।

13.6 निष्कर्ष: अंतः विषयक संगम (Interdisciplinary Synthesis)

स्तंभ	**अध्ययन का विषय**	**मुख्य उद्देश्य**
स्मृति	लोक-परंपराएं और इतिहास	अतीत का संरक्षण
संस्कृति	लोक-जीवन और उत्सव	वर्तमान की जीवंतता
स्वाभिमान	युवा चेतना और पहचान	भविष्य का गौरव
सत्ता	नीति और राजनीति	संस्थागत अधिकार

13.7 उपसंहार

जब ये चार स्तंभ—स्मृति, संस्कृति, स्वाभिमान और सत्ता—एक साथ खड़े होंगे, तभी हरयाणवी के 'भाषा' बनने का महल मुकम्मल होगा। **कवि आनन्द शाहपुर** का काव्य और शोध कार्य इन स्तंभों को मजबूती प्रदान करने की दिशा में एक ऐतिहासिक कदम है।

अध्याय 14: लोक-साहित्य — हरयाणवी की आत्मा

(मौखिक परंपरा, नैतिक मूल्य और मंचीय मानकीकरण का विश्लेषण)

14.1 प्रस्तावना: मौखिक परंपरा का भाषिक कोशागार

हरयाणवी लोक-साहित्य भाषा के मौखिक संरक्षण का सबसे प्रामाणिक और सशक्त माध्यम है। रागनी से लेकर कहावतों तक, यह एक ऐसा विस्तृत संसार है जिसने भाषिक निरंतरता को सदियों से जीवित रखा है। जिस प्रकार बांग्ला और तमिल भाषाओं का विकास उनके समृद्ध लोक-आधारों से हुआ, ठीक उसी प्रकार हरयाणवी का यह 'मौखिक कोश' इसके आधुनिक भाषा-निर्माण का प्राथमिक आधार है। यह अध्याय प्रमाणित करता है कि औपचारिक व्याकरण ग्रंथों से पूर्व सामाजिक चेतना ही भाषा की वास्तविक संवाहक रही है।

14.2 पंडित लखमीचंद: लोक-दर्शन और नीति-मूल्य

पंडित लखमीचंद की रचनाएं समाज में नैतिक मूल्यों को प्रतिपादित करने का प्राथमिक स्रोत रही हैं। उनके 'ब्रह्मज्ञान' की सरलता ही उनकी भाषिक शक्ति है:

"बुरे कर्म का बुरा नतीजा, तूं थोड़ा सा तो डर ले।
दान दया के गुण भरकै, उस हर का नाम सुमर ले।।"

विश्लेषण: पंडित जी ने बहुत सरल 'ठेठ' शब्दों में कर्म-फल के सार्वभौमिक सत्य (Universal Truth) को समझाया है। यहाँ भाषा केवल संवाद नहीं, बल्कि एक 'लोक-संविधान' की तरह कार्य करती है जो समाज पर नैतिक अंकुश लगाती है।

14.3 रागनी परंपरा: छंदबद्ध सामाजिक इतिहास

रागनी हरयाणवी समाज की नैतिक और दार्शनिक कथाओं का गीतात्मक दस्तावेज़ है। इसने व्याकरण के बिना ही भाषा का एक 'मानक' निर्मित किया है।

- **भाषिक विशिष्टता:** "केहर सै यो जमाना रे" जैसी पंक्तियों में 'सै' प्रत्यय और ध्वन्यात्मक खर-पान लोक-मानस में भाषा की जड़ों को मज़बूत करता है।

14.4 सांग और स्वांग: मंचीय मानकीकरण

सांग (लोक-नाट्य) ने हरयाणवी को वह मंचीय विस्तार दिया जिसने विभिन्न उप-बोलियों के बीच एक 'सेतु' का कार्य किया। इसी मंचीय सक्रियता से एक 'सांझी हरयाणवी' का जन्म हुआ, जो किसी भी क्षेत्र का व्यक्ति सहजता से समझ सकता है।

14.5 स्त्री-लोकगीत और संवेदना का स्वर

विवाह, विदाई और संस्कारों के गीत स्त्री-मन की कोमल और प्रखर संवेदनाओं के संवाहक हैं। पंडित लखमीचंद की 'चिड़िया' वाली रागनी स्त्री-मर्म और सामाजिक विसंगति को स्वर देती है:

"एक चिड़िया के दो बच्चे थे, वे दूजी चीड़ी ने मार दिए!

मैं मर गयी तो मेरे बच्चों ने मत ना दुःख भरतार दिए!!"

14.6 आधुनिक संदर्भ: कवि आनन्द शाहपुर का सामाजिक प्रहार

लोक-साहित्य की इसी क्रांतिकारी कड़ी को आगे बढ़ाते हुए **कवि आनन्द शाहपुर** महाभारत के माध्यम से आधुनिक समाज की 'मूक सहमति' पर तीखा व्यंग्य करते हैं:

"तेरी पौत्र वधू की इज्ज़त लूटगी, शान लुटाए बैठा सै...
धर्म सरीखी कहनी चाहिए, मुँह में दही जमाए बैठा सै।
बेबस हो कै नाड़ हिलावै, या तै बेल नाश की बो ली।"

विश्लेषण: यह रचना कायरता और अन्याय के विरुद्ध चुप्पी को 'विनाशकारी' बताती है। यह सिद्ध करता है कि हरयाणवी साहित्य आज भी उतना ही प्रासंगिक और मारक है जितना वह पंडित लखमीचंद के काल में था।

14.7 कहावतें और मुहावरे: संकुचित बुद्धिमत्ता (Capsule Wisdom)

हरयाणवी कहावतें गागर में सागर भरती हैं।

"जितनी चादर, उतना ही पैर रख" (मितव्ययिता का व्यावहारिक दर्शन)।

"खाप के ठेरे राड़ ना" (सामूहिकता और एकता का संदेश)।

14.8 लोक-साहित्य की शक्ति: एक विश्लेषणात्मक सारणी

साहित्य रूप	**भाषा को मुख्य योगदान**	**प्रभाव**
रागनी	शब्दों और दार्शनिक भावों का संरक्षण	भाषिक और वैचारिक गहराई
सांग	मंचीय मानकीकरण (Standardization)	सार्वजनिक स्वीकार्यता और भाषाई एकता
लोकगीत	भावनात्मक और व्याकरणिक निरंतरता	पीढ़ीगत भाषिक हस्तांतरण
कहावतें	व्यावहारिक दर्शन और तार्किकता	बौद्धिक और तार्किक मज़बूती

14.9 निष्कर्ष: लिखित मानक का आधार

हरयाणवी लोक-साहित्य इस भाषा की धड़कन है। यह प्रमाणित करता है कि हरयाणवी केवल 'बोली' नहीं, बल्कि एक 'साहित्यिक भाषा' बनने की समस्त योग्यताएं रखती है। जिस प्रकार विश्व की महान भाषाओं ने अपने लोक-कोश से आधुनिक मानक गढ़े, हरयाणवी का यह विशाल भंडार भी इसके भविष्य के व्याकरण और शब्दकोश की आधारशिला बनेगा।

अध्याय 15: सामाजिक स्वीकृति और आत्म-गौरव — हीनता से गौरव तक का भाषाई सफ़र

(भाषा-मनोविज्ञान, सांस्कृतिक प्रतिरोध और पुनर्जागरण का विश्लेषण)

15.1 प्रस्तावना: भाषा और मनोविज्ञान का अंतर्संबंध

किसी भी भाषा की वास्तविक शक्ति उसके बोलने वालों के आत्मविश्वास में निहित होती है। हरयाणवी के संदर्भ में 'सामाजिक स्वीकृति' का प्रश्न सबसे विवादास्पद रहा है। दशकों तक इस भाषा को 'अशिष्ट' और 'गंवारू' मानकर हाशिए पर धकेला गया। यह अध्याय उस मनोवैज्ञानिक यात्रा का विश्लेषण है, जहाँ हरयाणवी समाज अब अपने 'संकोच' को त्यागकर 'आत्म-गौरव' की ओर अग्रसर है।

पंडित लखमीचंद की कालजयी शिक्षा:

"साच और न्याय का चश्मा पहन, अपना जन्म सुधार ले।
सत्य की लाठी पकड़ के बंदे, भवसागर नै तार दे।।"

विश्लेषण: दादा लखमीचंद की 'सत्य की लाठी' केवल आध्यात्मिक उपदेश नहीं है, बल्कि यह अपनी मौलिक पहचान और 'खरेपन' पर टिके रहने का भाषिक आह्वान भी है।

15.2 'देहाती' का लेबल: एक सामाजिक कलंक का इतिहास

औपनिवेशिक मानसिकता और 'खड़ी बोली' के मानक प्रभुत्व ने हरयाणवी के 'खरेपन' (Guttural force) को 'रूखापन' करार दे दिया। शिक्षण संस्थानों में मातृभाषा बोलने पर प्रतिबंध ने एक ऐसी पीढ़ी तैयार की जो सार्वजनिक स्थानों पर अपनी भाषा छिपाने लगी थी। यह भाषिक हीनता ग्रंथि (Language Inferiority Complex) समाज की जड़ों पर सबसे बड़ा प्रहार था।

15.3 शहरीकरण और भाषाई पुनर्जागरण

वर्तमान में गुरुग्राम और फरीदाबाद जैसे आर्थिक केंद्रों के उदय ने हरयाणवी को **'शक्ति' (Power)** और **'सफलता'** के साथ जोड़ दिया है।

- **ग्लोबल पहचान:** खेलों और संगीत (Pop Culture) में हरियाणा की वैश्विक सफलता ने हरयाणवी लहजे को 'विजेता का लहजा' बना दिया है।
- **डिजिटल क्रांति:** सोशल मीडिया पर 'ठेठ' शब्दों का प्रयोग अब एक 'स्टाइल स्टेटमेंट' बन चुका है, जिसने भाषाई गौरव को पुनः स्थापित किया है।

15.4 आत्म-गौरव के भाषाई साक्ष्य: एक विश्लेषण

इस शोध में संकलित लोक-साक्ष्यों के माध्यम से आत्म-गौरव की प्रक्रिया को समझा जा सकता है:

1. **सांस्कृतिक पहचान (सुरेश भाणा):** *"सब देशां मैं श्यान स ऊँची सीधा साधा बाणा।।"* — यहाँ 'बाणा' केवल वेशभूषा

नहीं, बल्कि उस भाषाई सादगी का प्रतीक है जिसे यह शोध 'आत्म-गौरव' का आधार मानता है।

2. **सांस्कृतिक पुनर्जागरण (कपीन्द्र शर्मा):** *"फेर बहोड़ कै मनैं दिखाद्यो, मेरा पहलड़ा हरियाणा रै।।"* — यह पहचान को खोने के भय से उपजी पुनर्जागरण की पुकार है।

3. **अभिव्यक्ति का संकट (पंडित यशवंतदत्त):** *"बिन तेल सुख ज्या बाती हो, न्यूं पड़ज्या फर्क उजाले में।।"* — यह 'उजाले में फर्क पड़ना' उस हीनता ग्रंथि का परिणाम है जो व्यक्ति के आत्मविश्वास को सोख लेती है।

4. **नैतिक मर्यादा (मुंशीराम जाण्डली):** *"क्यों करो नरक के काम नाम पै, दब्बा लाणा ठीक नही।।"* — यह प्रमाणित करता है कि हरयाणवी साहित्य केवल मनोरंजन नहीं, बल्कि भाषा की मर्यादा की रक्षा का संकल्प है।

15.5 निष्कर्ष: गौरवमयी भविष्य और राजकीय मान्यता

आत्म-गौरव ही वह ईंधन है जो किसी 'बोली' को 'राजभाषा' के सिंहासन तक पहुँचाता है। जब तक समाज अपनी भाषा को गौरव के साथ स्वीकार नहीं करता, तब तक राजकीय मान्यता का संघर्ष अधूरा रहता है।

अंतिम सार (Synthesized Summary)

चरण	मनोवैज्ञानिक स्थिति	परिणाम
अतीत	हीनता और संकोच	भाषाई विस्मृति (Language Loss)
वर्तमान	शहरीकरण और वैश्विक सफलता	भाषाई पुनरुत्थान (Linguistic Revival)
भविष्य	आत्म-गौरव और सामाजिक स्वीकृति	संवैधानिक और राजकीय मान्यता

उपसंहार

हरयाणवी भाषा का भविष्य अब उन युवा कंधों पर है जो अपनी 'ठेठ' पहचान को वैश्विक मंच पर गौरव के साथ प्रस्तुत कर रहे हैं। जिस दिन हरियाणा का प्रबुद्ध वर्ग अपनी संस्कृति को सार्वजनिक रूप से अपनाएगा, उस दिन इसे आठवीं अनुसूची में स्थान मिलना मात्र औपचारिकता रह जाएगा।

अध्याय 16: हरयाणवी समाज और भाषा-बोध — गर्व, संकोच और अस्मिता

(सामाजिक सर्वेक्षण, पीढ़ीगत विश्लेषण और आत्म-चेतना का अध्ययन)

16.1 प्रस्तावना: आत्म-चेतना और भाषाई अस्तित्व

किसी भी भाषा का अस्तित्व उसकी नियमावली से अधिक उसे बोलने वाले समुदाय की 'आत्म-धारणा' (Self-Perception) पर निर्भर करता है। 'भाषाई आत्म-चेतना' ही बोली को 'भाषा' के सिंहासन तक पहुँचाने का सबसे निर्णायक कारक है। यह अध्याय 100 से अधिक प्रतिवादियों के क्षेत्रीय सर्वेक्षण, साक्षात्कारों और सामाजिक अवलोकनों के आधार पर यह विश्लेषण करता है कि हरयाणवी समाज अपनी मातृभाषा के प्रति किस प्रकार के मनोवैज्ञानिक द्वंद्व से गुजर रहा है।

पंडित लखमीचंद की वैचारिक अडिगता:

"चाहे दिन में तारे लिकड़ आओ कभी पूर्ण इश्क कमावै ना।
कहा करै उसका करै भला ईश्वर जो बुरा किसै का चाहवै ना।।"

विश्लेषण: दादा लखमीचंद इन पंक्तियों के माध्यम से यह प्रतिपादित करते हैं कि परिस्थितियाँ कितनी ही विपरीत क्यों न हों, व्यक्ति को अपने 'सत्य'

और अपनी 'पहचान' से विमुख नहीं होना चाहिए। यही अडिगता मातृभाषा के प्रति अस्मिता का मूल आधार है।

16.2 गर्व बनाम संकोच: एक भाषाई द्वंद्व (Duality)

सर्वेक्षण के निष्कर्ष दर्शाते हैं कि हरयाणवी समाज में भाषा-बोध एक दोहरी संरचना पर टिका है:

- **ग्रामीण परिवेश:** यहाँ लगभग 78% लोग हरयाणवी को अपनी "ठेठ पहचान" मानकर गर्व महसूस करते हैं। यहाँ भाषा केवल संवाद नहीं, बल्कि सामूहिकता का प्रतीक है।
- **शहरी परिवेश:** महानगरों में यह प्रतिशत गिरकर 42% रह जाता है, जहाँ औपचारिक मंचों पर हरयाणवी बोलने में एक प्रकार का 'भाषाई संकोच' देखा गया है।

16.3 "देहाती" का लेबल और मनोवैज्ञानिक अवरोध

सामाजिक कलंक (Social Stigma) के रूप में "देहाती" या "गँवारू" कहे जाने का भय भाषायी आत्म-संकुचन का सबसे बड़ा कारण रहा है। स्कूलों में मातृभाषा के स्थान पर मानक हिंदी या अंग्रेजी को 'शिष्टता' का पर्याय बताने वाली प्रवृत्ति ने बच्चों में एक **'हीनता ग्रंथि' (Inferiority Complex)** उत्पन्न की है, जिससे वे अपनी जड़ों से कट रहे हैं।

16.4 शहरीकरण और 'कोड-मिक्सिंग' (Linguistic Hybridity)

हरियाणा की तीव्र शहरीकरण दर (लगभग 36%) ने भाषाई स्वरूप को बदला है। गुरुग्राम और फरीदाबाद जैसे क्षेत्रों में 'शुद्ध हरयाणवी' का स्थान 'कोड-मिक्सिंग' (हिंदी-अंग्रेजी-हरयाणवी का मिश्रण) ले रही है। यह

आधुनिकता के साथ जुड़ाव तो दिखाता है, किन्तु भाषा की मौलिक 'क्षेत्रीय सुगंध' को क्षीण भी करता है।

16.5 पीढ़ीगत अंतर: भाषाई परिवर्तन का सांख्यिकीय साक्ष्य

पीढ़ी (आयु वर्ग)	शुद्ध हरयाणवी प्रयोग (%)	कोड-स्विचिंग (%)	भाषा-गर्व (%)
60+ वर्ष	92%	5%	88%
30-60 वर्ष	65%	28%	62%
15-30 वर्ष	38%	55%	45%

पुनर्जागरण के संकेत: 2025-26 के नवीनतम रुझानों के अनुसार, 30% युवाओं में "ठेठ" बोलना अब 'ट्रेंडिंग' और 'कूल' माना जाने लगा है। सोशल मीडिया प्लेटफॉर्म्स ने 'भाषाई हीनता' को 'सांस्कृतिक गौरव' में बदलने का कार्य किया है।

16.6 आधुनिक विमर्श: कवि आनन्द शाहपुर की प्रगतिशील दृष्टि

बदलते दौर में भाषाई स्वाभिमान को सामाजिक सुधार से जोड़ते हुए **कवि आनन्द शाहपुर** लिखते हैं:

"जाति प्रथा ज़हर फैलग्या, भाईचारे का मिटग्या नाम...
छोरे खुल्ली मौज उड़ावैं, छोरियाँ कै घली लगाम...
छोरी सिर पै बोझ मानते ये छोरे हुए वरदान।"

विश्लेषण: लेखक की यह रचना सिद्ध करती है कि हरयाणवी भाषा केवल अतीत का राग नहीं अलापती, बल्कि कन्या भ्रूण हत्या और जातिवाद जैसी कुरीतियों के विरुद्ध एक प्रखर और आधुनिक स्वर भी है। यही 'प्रगतिशील स्वाभिमान' भाषाई अस्मिता की पुनर्स्थापना का वास्तविक बीज है।

16.7 निष्कर्ष: संकोच से स्वाभिमान की ओर

हरयाणवी समाज का भाषा-बोध वर्तमान में एक संक्रमणकालीन (Transitional) अवस्था में है। संकोच की दीवारें टूट रही हैं और एक नई भाषाई चेतना जन्म ले रही है। हरयाणवी को संवैधानिक दर्जा दिलाने के लिए इस व्यक्तिगत आत्म-चेतना को अब एक सुसंगत 'सामूहिक आंदोलन' का रूप देना होगा।

अध्याय 17: आधुनिक हरयाणवी — मंच, मीडिया और डिजिटल संसार

(वैश्विक अनुकूलन, डिजिटल मानकीकरण और सामाजिक-सांस्कृतिक प्रभाव का अध्ययन)

17.1 प्रस्तावना: वैश्विक संदर्भों में भाषाई अनुकूलन

आधुनिक हरयाणवी भाषा का विस्तार पारंपरिक चौपालों और सांग के तख्तों से निकलकर अब वैश्विक डिजिटल प्लेटफॉर्म्स तक पहुँच चुका है। 2015 से 2026 के मध्य विकसित हुए माध्यमों ने यह सिद्ध कर दिया है कि हरयाणवी केवल एक 'प्राचीन विरासत' नहीं, अपितु समकालीन वैश्विक संदर्भों में भी अत्यंत सक्रिय और अनुकूलित (Adaptive) है। डिजिटल युग में भाषा का 'लोकप्रिय करण' ही अंततः उसके 'अकादमिक मानकीकरण' का मार्ग प्रशस्त करता है।

पंडित लखमीचंद की दूरदर्शिता:

"आगै-आगै चलिए ताई, तूं करिये काम हुशयारी का...
जड़ै आरणा तू गेरै, उड़ै महल समझल्यूं प्यारी का..."

विश्लेषण: दादा लखमीचंद की ये पंक्तियाँ 'संकेत' और 'चातुर्य' की बात करती हैं। आधुनिक संदर्भ में, यह 'हुशयारी' हरयाणवी कलाकारों की वह क्षमता है जिससे वे अपनी 'ठेठ' पहचान को आधुनिक तकनीकी परिवेश में चतुराई से ढाल रहे हैं।

17.2 संगीत का आधुनिकीकरण: रागनी से पॉप तक

हरयाणवी संगीत अब 'क्षेत्रीय सीमाओं' के बंधन से मुक्त है। ठेठ शब्दावली को आधुनिक 'बीट्स' के साथ जोड़कर इसे वैश्विक पहचान दिलाई गई है। Spotify और YouTube जैसे प्लेटफॉर्म्स पर करोड़ों स्ट्रीम्स यह प्रमाणित करते हैं कि हरयाणवी लय (Rhythm) अब वैश्विक कान को भाने लगी है।

17.3 फिल्म और वेब: दृश्य-भाषा का नया व्याकरण

हरयाणवी सिनेमा और वेब-सीरीज ने भाषा को एक 'दृश्य-नाटकीय' विस्तार दिया है। इसने उस भ्रम को पूरी तरह तोड़ दिया है कि हरयाणवी केवल ग्रामीण विषयों तक सीमित है। अब 'राड़', 'खामखा' और 'केहर' जैसे शब्द शहरी विमर्श और स्क्रिप्ट्स का अनिवार्य हिस्सा बन चुके हैं।

17.4 डिजिटल क्रांति: 'अश्नाई' बनाम 'वर्चुअल वर्ल्ड' (कवि आनन्द शाहपुर की दृष्टि)

जहाँ डिजिटल माध्यमों ने भाषा को लोकतांत्रिक बनाया है, वहीं इससे उपजे सामाजिक अलगाव पर **कवि आनन्द शाहपुर** एक गंभीर चेतावनी देते हैं:

"कर्म छुटग्या, धर्म छुटग्या, दे इंटरनेट दिखाई...
बोलचाल रही कोन्या, ना आपस की अश्नाई...
रिश्ते नाते भाईचारे में, लाग गई इब काई।"

विश्लेषण: कवि का 'काई' (Moss) शब्द का प्रयोग रिश्तों में आई सुस्ती और गंदगी का अद्भुत प्रतीक है। यह रचना तकनीकी प्रगति के बीच

'मानवीय संवेदना' और 'पारंपरिक संवाद' (बोलचाल) के लुप्त होने पर एक कठोर टिप्पणी है। यह शोध इस पक्ष को 'भाषाई पुनर्जागरण' की एक आवश्यक चेतावनी मानता है।

17.5 माध्यम और प्रभाव: सांख्यिकीय विश्लेषण (2026)

माध्यम	**मुख्य भाषाई प्रभाव**	**प्रभाव मेट्रिक्स (ग्लोबल)**
संगीत (Pop/Folk)	भावनात्मक जुड़ाव एवं लय का विस्तार	100M+ ग्लोबल स्ट्रीम्स
सिनेमा/वेब	सामाजिक स्वीकृति एवं विमर्श	₹500 Cr+ संचित राजस्व
सोशल मीडिया	युवा मानकीकरण एवं प्रयोग	1B+ कुल एंगेजमेंट/व्यूज

17.6 भाषाई नव-निर्माण: नई शब्दावली का उदय

आधुनिक माध्यमों ने हरयाणवी को नई शब्दावली और अर्थ प्रदान किए हैं:

- **'टोह रखना':** जो पारंपरिक रूप से 'निगरानी' था, अब डिजिटल युग में 'टोह मारना' (Social Media Tracking/Stalking) बन गया है।

- **'रील सै!':** यह शब्द अब 'वायरल' या 'अति-लोकप्रिय' होने का नया पर्याय बन चुका है।

17.7 निष्कर्ष: डिजिटल मानकीकरण का मार्ग

मंच से डिजिटल तक की यह यात्रा हरयाणवी के 'जीवंत' होने का सबसे बड़ा प्रमाण है। हरयाणवी की यह डिजिटल सक्रियता इसे संवैधानिक दर्जा दिलाने के लिए एक **'प्रेशर ग्रुप'** के रूप में उभरी है। अब आवश्यकता इस लोकप्रियता को 'अकादमिक अनुशासन' और 'व्याकरणिक शुद्धता' के साथ जोड़ने की है, ताकि यह 'डिजिटल शोर' एक 'अकादमिक स्वर' में बदल सके।

अध्याय 18: अन्य बोलियों की भाषा बनने की यात्रा — एक तुलनात्मक विश्लेषण

(भाषाई संक्रमण, ऐतिहासिक सबक और भविष्य का रोडमैप)

18.1 प्रस्तावना: भाषाई संक्रमण के ऐतिहासिक सबक

भाषा-निर्माण कोई आकस्मिक घटना नहीं, बल्कि एक सुनियोजित सामाजिक-राजनीतिक और साहित्यिक प्रक्रिया है। अवधी, मैथिली, राजस्थानी और भोजपुरी जैसी बोलियों के 'बोली से भाषा' बनने के सफर का अध्ययन हमें वह व्यावहारिक मार्गदर्शन प्रदान करता है, जिसकी हरयाणवी को आज नितांत आवश्यकता है।

भाषाई एकता पर लोक-दर्शन:

"जीत भाईयां के भा घटज्या उड़ै कितका सवर्ग द्वारा सै...
भाई मरज्या रहै बीर जिवती यो दुख पहाड़ तै भारया सै।।"

विश्लेषण: ये पंक्तियाँ स्पष्ट करती हैं कि जब तक भाइयों (विभिन्न उप-बोलियों और समुदायों) में वैचारिक एकता नहीं होगी, सफलता का द्वार नहीं खुलेगा। हरयाणवी को 'भाषा' के रूप में स्थापित करने के लिए क्षेत्रीय और जातीय बिखराव को समाप्त करना पहली अनिवार्य शर्त है।

18.2 अवधी और मैथिली: साहित्य और संगठन का प्रभाव

- **अवधी:** 'रामचरितमानस' जैसे कालजयी महाकाव्य ने इसे केवल साहित्य नहीं, बल्कि एक 'सांस्कृतिक संविधान' दिया। हरयाणवी के पास सांग और रागनी का विशाल मौखिक भंडार तो है, किन्तु एक 'एकीकृत महाकाव्य' और 'मानक व्याकरण' के अभाव में यह अभी भी बिखरी हुई है।

- **मैथिली:** 1910 से चले संगठित आंदोलनों और 'मैथिली साहित्य सभा' की अटूट निष्ठा ने इसे संविधान की आठवीं अनुसूची तक पहुँचाया। यह सिद्ध करता है कि बिना संगठित बौद्धिक दबाव के राजनैतिक इच्छा शक्ति नहीं जागती।

18.3 राजस्थानी और भोजपुरी: एकीकरण और वैश्विक विस्तार

- **राजस्थानी:** इसने मारवाड़ी, मेवाड़ी और ढूँढाड़ी जैसी उप-बोलियों को एक 'राजस्थानी अस्मिता' के नीचे एकीकृत किया।

- **भोजपुरी:** सिनेमा और 'गिरमिटिया' प्रवासी समाज (Global Diaspora) ने इसे अंतरराष्ट्रीय पहचान दिलाई। हरयाणवी सिनेमा प्रगति पर है, किन्तु इसे वैश्विक स्तर पर अपनी 'सांस्कृतिक मार्केटिंग' को और प्रखर करना होगा।

18.4 तुलनात्मक साक्ष्य सारणी (Comparative Matrix)

बोली	सफलता के मुख्य कारक	हरयाणवी की वर्तमान स्थिति
अवधी	महाकाव्य एवं साहित्यिक मानक	मौखिक लोक-साहित्य समृद्ध, लिखित दस्तावेजीकरण का अभाव
मैथिली	संगठित राजनैतिक एवं बौद्धिक आंदोलन	राजनैतिक इच्छाशक्ति एवं संस्थागत ढांचे की कमी
राजस्थानी	विविध उप-बोलियों का प्रभावी एकीकरण	उप-बोलियों (बांगर, अहीरवाल, ब्रज) के मध्य सेतु का अभाव
भोजपुरी	सिनेमा एवं प्रवासी (Migrant) शक्ति	सिनेमा प्रगति पर, वैश्विक पहचान एवं 'Soft Power' की कमी

18.5 आधुनिक संकट: कवि आनन्द शाहपुर की चेतावनी

आधुनिकता के शोर में दम तोड़ती सांस्कृतिक विरासत पर **कवि आनन्द शाहपुर** एक 'सांस्कृतिक रक्षक' की भूमिका में समाज को आईना दिखाते हैं:

"सभ्यता और संस्कृति का, हरियाणे में हयास हुया...
डी जे आळे गाणे सुण सुण, नई पीढ़ी का नाश हुया...
हास्य नाटक लाइव स्टैंडअप, सबका पर्दाफाश हुया...
कहै आनन्द शाहपुर संस्कृति का, काम बिगाड़ा होग्या।"

विश्लेषण: कवि ने 'डी जे संस्कृति' और फूहड़ 'स्टैंडअप कॉमेडी' को सीधे तौर पर मूल्यों के 'हयास' (पतन) का कारण माना है। उनका मानना है कि जब तक युवा पीढ़ी अपने सार्थक संगीत (सांग/रागनी) को छोड़कर सतही मनोरंजन के पीछे भागेगी, तब तक भाषा का 'काम बिगाड़ा' ही रहेगा। यह रचना अपनी जड़ों की ओर लौटने का एक प्रखर आह्वान है।

18.6 भविष्य की कार्य योजना (Roadmap 2026-2030)

1. **तात्कालिक:** रागनी और लोक-कोश का व्यापक लिखित दस्तावेजीकरण।
2. **मध्यम:** 'हरयाणवी भाषा आयोग' का गठन और मानक शब्दकोश (Mahakosh) का निर्माण।
3. **दीर्घकालिक:** राजनैतिक दबाव के माध्यम से आठवीं अनुसूची में समावेश।

18.7 निष्कर्ष: संभावना अभी शेष है

अन्य बोलियों की यात्रा यह सिद्ध करती है कि 'भाषा' होना केवल व्याकरण का विषय नहीं, बल्कि निरंतर सामाजिक परिश्रम का फल है। यदि हम अवधी की साहित्यिक गहराई और मैथिली के संगठित संघर्ष को आत्मसात कर सकें, तो हरयाणवी का भाषा बनना अब मात्र समय की बात है।

अध्याय 19: हरयाणवी और सत्ता — शिक्षा, राजनीति और नीति

(संस्थागत बाधाएँ, जनगणना का संकट और भाषाई राजनीति का विश्लेषण)

19.1 प्रस्तावना: सत्ता के गलियारों में भाषायी संघर्ष

भाषा-निर्माण की प्रक्रिया केवल लोक-गीतों और सांस्कृतिक आयोजनों से पूर्ण नहीं होती; इसमें सत्ता का हस्तक्षेप और नीतिगत समर्थन निर्णायक होता है। शिक्षा नीति, सरकारी मान्यता और राजनीतिक इच्छाशक्ति ही किसी बोली को 'औपचारिक भाषा' का गौरव प्रदान करती है। यह अध्याय उन संरचनात्मक बाधाओं का विश्लेषण करता है, जिन्होंने हरयाणवी को उसकी अपनी ही माटी में 'अदृश्य' बना रखा है।

अधिकारों के प्रति अडिग संकल्प (दादा लखमीचंद):

"चाहे शूशे कै सींग जाम ज्यां चाहे कछुवे कै जामो बाल...
चाहे सूरज लिकड़ो पश्चिम में चाहे अम्बर में हो जाओ साल,
पर धर्म तजै ना मेरा लाल।।"

विश्लेषण: यहाँ दादा स्पष्ट करते हैं कि परिस्थितियाँ कितनी ही असंभव क्यों न हो जाएँ, व्यक्ति को अपनी जड़ों और अपने अधिकारों (भाषायी अस्मिता) का त्याग नहीं करना चाहिए। सत्ता की बेरुखी के बावजूद अपनी मांग पर टिके रहना ही जीत का आधार है।

19.2 शिक्षा नीति: हिंदी का एकाधिकार बनाम भाषायी अलगाव

हरियाणा की विद्यालयी शिक्षा में वर्तमान में हिंदी का पूर्ण एकाधिकार है। NEP 2020 के 'मातृभाषा में शिक्षा' के दावों के बावजूद हरियाणा में इसका कार्यान्वयन धरातल पर शून्य है। प्राथमिक स्तर पर बच्चा अपनी मातृभाषा से कट जाता है, जिससे समाज में एक पीढ़ीगत हीनता ग्रंथि पैदा होती है।

19.3 जनगणना और सरकारी मान्यता: एक भाषाई विलोपन

- **जनगणना का संकट:** जनगणना 2011 (और आगामी प्रक्रियाओं) में हरयाणवी को 'स्वतंत्र भाषा कोड' न देकर उसे 'हिंदी' की श्रेणी में विलीन कर दिया गया। लगभग 1.5 करोड़ बोलने वालों की आवाज़ को एक 'कोड' के नीचे दबा देने से यह भाषा अंतरराष्ट्रीय अनुसंधान और सरकारी अनुदानों से वंचित रह गई है।
- **अकादमी का अभाव:** जहाँ पड़ोसी राज्यों ने दशकों पहले अपनी भाषा अकादमियाँ स्थापित कर ली थीं, हरियाणा में 'भाषा विकास आयोग' की फाइलें आज भी सरकारी उदासीनता का शिकार हैं।

19.4 आधुनिक राजनीति पर कटाक्ष: कवि आनन्द शाहपुर की दृष्टि

मतदाता की हताशा और सत्ता के दोहरे चरित्र को **कवि आनन्द शाहपुर** अत्यंत मारक शब्दों में बयां करते हैं:

"विकास का मुद्दा ठावण आळी, वा पार्टी पड़कै सो ली...

अरै वोट कितै और चोट कितै, मैं आग्या बटण दबाकै...
नाच नाच कै ढोल बजाया, मनै पंगु सरकार बणाकै।
इब शतुरमुर्ग की तरिया मनै, रेत में नाड़ गडो ली।"

विश्लेषण: यह रचना आधुनिक हरयाणवी कविता को 'किस्से-कहानी' से बाहर निकालकर समकालीन राजनीति के कठोर धरातल पर खड़ा करती है। यह इस कड़वी सच्चाई को रेखांकित करती है कि चुनाव के समय 'मुनादी' करके किए गए भाषायी और सांस्कृतिक वादे सत्ता मिलते ही भुला दिए जाते हैं। मतदाता की 'रेत में नाड़ गडोना' (मुँह छिपाना) उसकी उसी विफलता का प्रतीक है।

19.5 तुलनात्मक नीति विश्लेषण सारणी (Comparative Policy Analysis)

मानक (Parameter)	**मैथिली**	**भोजपुरी**	**हरयाणवी**
शिक्षा में समावेश	अनिवार्य (Primary Level)	वैकल्पिक	पूर्णतः अनुपस्थित
सरकारी अकादमी	अत्यंत सक्रिय (1910 से)	प्रस्तावित/सक्रिय	केवल चुनावी घोषणाएं

मानक (Parameter)	मैथिली	भोजपुरी	हरयाणवी
संवैधानिक स्थिति	आठवीं अनुसूची में (2003)	निरंतर संघर्षरत	प्रारंभिक मांग का चरण

19.6 निष्कर्ष: नीतिगत हस्तक्षेप की आवश्यकता

हरयाणवी की लोकप्रियता (Pop-culture) आज वैश्विक स्तर पर चरम पर है, किंतु इसका संस्थागत ढांचा अभी भी शून्य है। भाषा-निर्माण हेतु अब तीन अनिवार्य कदम उठाने होंगे:

1. **स्वतंत्र कोड:** जनगणना में हरयाणवी के लिए अलग भाषा कोड सुनिश्चित करना।
2. **आयोग गठन:** 'हरयाणवी भाषा एवं साहित्य विकास आयोग' का तत्काल प्रभावी होना।
3. **वैकल्पिक शिक्षा:** प्राथमिक स्तर पर हरयाणवी को एक वैकल्पिक विषय के रूप में पाठ्यक्रम में स्थान देना।

अध्याय 20: बाधाएँ — हरयाणवी के रास्ते के पत्थर

(आंतरिक विखंडन, मानकीकरण की चुनौती और संस्थागत रिक्तता का विश्लेषण)

20.1 प्रस्तावना: आत्म-निरीक्षण और भाषाई अवरोध

हरयाणवी भाषा-निर्माण की यात्रा में जितनी बाधाएँ बाहरी हैं, उतनी ही चुनौतीपूर्ण आंतरिक भी हैं। यह अध्याय एक आत्म-आलोचनात्मक दृष्टि से उन अवरोधों का विश्लेषण करता है, जो समाज की उदासीनता और विखंडन के कारण भाषायी प्रगति को बाधित कर रहे हैं। मैथिली और राजस्थानी की सफलता का रहस्य उनका 'आंतरिक एकीकरण' था, जबकि हरयाणवी आज भी एक 'सर्वसम्मत मानक' (Standard) तलाशने हेतु संघर्षरत है।

नैतिक और वैचारिक बिखराव पर दादा लखमीचंद की चोट:

"झूठ कपट और छल बेईमानै के, घणे मुक़दमे फहगो।
दया धर्म और नेम जगत म्य, छिदे-छिदे रहगो।।
आपस म्य भाई-भाई की, जड़ नै काटण लागे..."

विश्लेषण: दादा लखमीचंद यहाँ समाज को 'आत्म-मंथन' का दर्पण दिखाते हैं। भाषाई आंदोलन के संदर्भ में, जब तक हम 'भाई-भाई' (क्षेत्रीय

बोलियों के बोलने वाले) एक-दूसरे के पूरक बनने के बजाय एक-दूसरे की काट करेंगे, तब तक सामूहिक लक्ष्य प्राप्त करना असंभव है।

20.2 मानकीकरण की चुनौती: एक लिपि, अनेक रूप

हरयाणवी में एकीकृत व्याकरण और शब्दकोश का अभाव सबसे बड़ा तकनीकी अवरोध है।

- **क्षेत्रीय विविधता:** जहाँ बांगर, अहीरवाल और बागड़ी के क्रिया-रूपों (जैसे 'सै' और 'है' का प्रयोग) में भिन्नता है, वहाँ शिक्षा हेतु एक मानक पाठ्य-सामग्री तैयार करना चुनौतीपूर्ण हो जाता है।
- **लिपि का विवाद:** देवनागरी पर निर्भरता ने जहाँ हिंदी के साथ जुड़ाव रखा है, वहीं डिजिटल मानकीकरण (Unicode) और स्वतंत्र फॉन्ट विकास की गति को राजनीतिक बहसों के कारण धीमा कर दिया है।

20.3 क्षेत्रीय भेद: विविधता या विखंडन?

हरयाणवी कई समृद्ध बोलियों का समूह है, किंतु रोहतक, भिवानी और रेवाड़ी के भाषाई स्वाभिमान के टकराव के कारण एक 'एकीकृत हरयाणवी' (Standard Haryanvi) की अवधारणा पर सर्वसम्मति नहीं बन पा रही है। विविधता जब विखंडन का रूप ले लेती है, तो वह भाषा-निर्माण की सबसे बड़ी बाधा बन जाती है।

20.4 बाधा-विश्लेषण मैट्रिक्स (Internal Obstacle Matrix)

मुख्य बाधा	**समाज पर प्रभाव**	**सुधारात्मक जिम्मेदारी**
मानकीकरण का अभाव	शैक्षिक और प्रशासनिक प्रयोग में बाधा	व्याकरण एवं 'महाकौश' आयोग का गठन
लिपि एवं तकनीकी विवाद	डिजिटल पिछड़ापन और खोज इंजनों में अनुपस्थिति	यूनिकोड एवं स्वतंत्र फॉन्ट मानकीकरण
क्षेत्रीय विखंडन	भाषाई एकता और सामूहिक पहचान का अभाव	एक मानक 'कोर' का चयन (Standard Core)
संस्थागत रिक्तता	बौद्धिक नेतृत्व और सरकारी पैरवी की कमी	स्वतंत्र 'हरयाणवी साहित्य अकादमी' की मांग

20.5 साहित्यिक आचार-संहिता: कवि आनन्द शाहपुर की दृष्टि

हरयाणवी को फूहड़पन से निकालकर एक जिम्मेदार भाषा बनाने हेतु **कवि आनन्द शाहपुर** साहित्यकारों को सचेत करते हैं:

"तेरे हाथ में थमी लेखनी या विषधर के समान हो सै...

काळी जीभ, द्विअर्थी मायने, कवियां की दूकान हो सै...
सच की ईटं, धर्म के रोड़े, कविताई की ज्यान हो सै।
आनन्द शाहपुर कविताई में, गन्दी कार कमाओ ना।।"

विश्लेषण: कवि का यह विश्लेषण स्पष्ट करता है कि हरयाणवी को भाषा का दर्जा दिलाने के लिए साहित्यकारों को 'बाजारवाद' छोड़कर 'मर्यादा' अपनानी होगी। द्विअर्थी शब्दों और फूहड़ हास्य ने इस भाषा की छवि को 'गंवारू' बनाए रखने में भूमिका निभाई है। लेखनी की 'ज्यान' (प्राण) उसके सत्य और नैतिक संदेश में है।

20.6 निष्कर्ष: समाधान की दिशा

ये पत्थर अटल नहीं हैं, बल्कि ये हमारे निष्क्रिय संकल्पों का परिणाम हैं। समाधान बाहरी विरोध से अधिक अपने 'आंतरिक एकीकरण' में निहित है। आत्म-निरीक्षण ही वह प्रथम चरण है जो हमें 'बोली' के संकुचित घेरे से निकालकर 'भाषा' की संवैधानिक गरिमा तक ले जाएगा।

अध्याय 21: हरयाणवी को भाषा बनाने की कार्ययोजना

(संस्थागत, शैक्षणिक और नीतिगत रोडमैप — एक विज़न डॉक्यूमेंट)

21.1 प्रस्तावना: शोध से संकल्प तक

भाषा-निर्माण की प्रक्रिया तब तक अपूर्ण रहती है, जब तक वह शोध और विमर्श की सीमाओं को लांघकर संगठित सामाजिक-राजनीतिक संकल्प का रूप न ले ले। यह अध्याय 2026 से 2031 के बीच हरयाणवी को एक संस्थागत, शैक्षणिक और नीतिगत भाषा के रूप में स्थापित करने हेतु एक स्पष्ट 'कार्ययोजना-दस्तावेज' (Vision & Action Plan) प्रस्तुत करता है। इस अध्याय का उद्देश्य अब तक किए गए सैद्धांतिक विश्लेषण को समयबद्ध, मापनीय और क्रियान्वयन-योग्य कदमों में रूपांतरित करना है।

वैचारिक आधारशिला (पंडित लखमीचंद):

"मनैं तज दिया मोह और लोभ लालच, ईब करूँ पुरुषार्थ भारी।
बिना कर्म के फल नहीं मिलता, दुनिया देखै बाट थारी।।"

विश्लेषण: दादा लखमीचंद स्पष्ट करते हैं कि केवल प्रतीक्षा या भावनात्मक आग्रह से लक्ष्य प्राप्त नहीं होता। हरयाणवी को 'भाषा' का दर्जा

दिलाने के लिए अब 'पुरुषार्थ भारी'—अर्थात् संगठित और ठोस कर्म—का समय आ चुका है।

21.2 मानक व्याकरण और शब्दकोश: प्रथम नींव

किसी भी भाषा की संस्थागत स्वीकृति का प्रथम आधार उसका मानकीकृत ढाँचा होता है।

- **व्याकरण समिति (2026):** एक संयुक्त समिति का गठन, जिसमें क्षेत्रीय उप-बोलियों के प्रतिनिधि और भाषावैज्ञानिक एक 'Standard Core' विकसित करें।
- **डिजिटल शब्दकोश (2028):** एक व्यापक डिजिटल हरयाणवी महाकोश का निर्माण, जिसमें शब्दार्थ के साथ ऑडियो-उच्चारण और सांस्कृतिक संदर्भ भी सम्मिलित हों।

21.3 शिक्षा में समावेश: पीढ़ीगत निरंतरता की स्थापना

भाषा का भविष्य उसकी अगली पीढ़ी में सुरक्षित होता है। अतः शिक्षा-व्यवस्था में हरयाणवी का समावेश अनिवार्य है।

- **प्राथमिक चरण:** रागनी, सांग और लोककथाओं पर आधारित सहायक पाठ्य-सामग्री का निर्माण।
- **माध्यमिक एवं उच्च शिक्षा:** हरयाणवी के औपचारिक व्याकरण का वैकल्पिक विषय के रूप में समावेश और 2031 तक विश्वविद्यालयों में **'M.A. हरयाणवी'** हेतु स्वतंत्र विभागों की स्थापना।

21.4 संस्थागत ढाँचा और डिजिटल अभिलेखन

- **साहित्य अकादमी:** राजस्थानी मॉडल पर एक स्वतंत्र और अधिकार-संपन्न 'हरयाणवी साहित्य अकादमी' की स्थापना।
- **डिजिटल कॉर्पस:** न्यूनतम 1000 घंटे की ऐतिहासिक लोक-सामग्री (सांग, रागनी, कथाएं) का डिजिटल अभिलेखन, ताकि यह वैश्विक शोध और तकनीकी मंचों (AI/Digital Platforms) पर स्थापित हो सके।

21.5 जन-आंदोलन: चेतना को शक्ति में रूपांतरित करना

संस्थागत परिवर्तन जन-समर्थन के बिना संभव नहीं है।

- **सामाजिक समर्थन:** कम से कम 100 खाप पंचायतों और सामाजिक संगठनों का औपचारिक लिखित समर्थन प्राप्त करना।
- **हस्ताक्षर अभियान:** आठवीं अनुसूची में सम्मिलन हेतु '10 लाख हस्ताक्षरों' का राष्ट्रव्यापी अभियान, जो इस मांग को राजनीतिक प्राथमिकता में बदल सके।

21.6 संकल्प की घोषणा (कवि 'आनन्द शाहपुर'):

भाषाई स्वाभिमान और वैश्विक पहचान को स्वर देती यह रणभेरी:

"अपणी बोली का दीप जळाकै, अंधकार दूर भजाणा सै।
पाछली गलत्यां सुधार कै नै, पहलड़ा हरयाणा ल्याणा सै।।
ना झुकणा सै ना रुकणा सै, यो हक म्हारा पाणा सै।
बणकै रहैगी भाषा ईब यो, पूरी दुनिया तै दिखलाणा सै।।"

विश्लेषण: यह रचना केवल भावनात्मक उद्घोष नहीं, बल्कि आत्म-सुधार, निरंतर संघर्ष और वैश्विक पहचान की स्पष्ट घोषणा है। यह कार्ययोजना इसी संकल्प को व्यावहारिक रूप प्रदान करती है।

21.7 निष्कर्ष: भाषा माँगी नहीं जाती, बनाई जाती है

यह शोध-ग्रंथ केवल भाषाई विवेचन नहीं, बल्कि कर्म और उत्तरदायित्व का घोषणापत्र है। हरयाणवी का भविष्य अब किसी सरकारी फाइल या अस्थायी राजनीतिक वादे पर निर्भर नहीं है। यह भविष्य हर उस व्यक्ति की जिम्मेदारी है, जिसकी चेतना में यह भाषा जीवित है। इतिहास साक्षी है—भाषाएँ माँगने से नहीं, पुरुषार्थ से अस्तित्व पाती हैं।

अध्याय 22: निष्कर्ष एवं भविष्य की राह — संकल्प से सिद्धि तक

(शोध का सार, पंच-सूत्रीय संकल्प और वैश्विक अस्मिता का रोडमैप)

22.1 निष्कर्ष: शोध का निचोड़

इस शोध-ग्रंथ का केंद्रीय निष्कर्ष स्पष्ट और असंदिग्ध है— हरयाणवी को केवल 'बोली' की श्रेणी में बनाए रखना अब न तो भाषावैज्ञानिक रूप से न्यायसंगत है और न ही सामाजिक–ऐतिहासिक दृष्टि से। समग्र अध्ययन से निम्नलिखित तथ्य निर्णायक रूप में स्थापित होते हैं:

1. **ऐतिहासिक निरंतरता:** हरयाणवी का विकास अपभ्रंश से सीधे जुड़ा हुआ है और इसमें भाषिक क्रमबद्धता तथा ऐतिहासिक प्रवाह स्पष्ट रूप से विद्यमान है।

2. **स्वतंत्र भाषिक संरचना:** क्रिया-रूप, प्रत्यय-प्रयोग और वाक्य-विन्यास के स्तर पर इसकी अपनी विशिष्ट पहचान है, जो इसे हिंदी की उप बोली मात्र मानने के दावों को खंडित करती है।

3. **समृद्ध साहित्यिक परंपरा:** रागनी और सांग की वाचिक परंपरा विश्व की किसी भी जीवित साहित्यिक धारा के समकक्ष है।

4. **सामाजिक चेतना:** समाज में हीनता-बोध का अंत और भाषाई अस्मिता का उदय इस आंदोलन की अनिवार्य शर्त बन चुका है।

22.2 भविष्य की राह: पाँच सूत्रीय संकल्प (The Five-Point Resolution)

हरयाणवी को संस्थागत भाषा के रूप में स्थापित करने हेतु भविष्य की दिशा इन पाँच मोर्चों पर केंद्रित होनी चाहिए:

- **I. अकादमिक मोर्चा:** विश्वविद्यालयों में 'हरयाणवी अध्ययन पीठ' की स्थापना तथा मानक व्याकरण का प्रामाणिक प्रकाशन।
- **II. तकनीकी मोर्चा:** AI प्रौद्योगिकी, गूगल ट्रांसलेट और डिजिटल कॉर्पस में हरयाणवी का समावेश, ताकि यह वैश्विक मंचों पर 'दृश्यमान' (Visible) हो।
- **III. नीतिगत मोर्चा:** राज्य स्तर पर 'भाषा विकास आयोग' का गठन और जनगणना में स्वतंत्र भाषा-कोड हेतु संगठित राजनीतिक दबाव।
- **IV. सांस्कृतिक मोर्चा:** लोक-कलाओं और सिनेमा को समकालीन विधाओं से जोड़कर इसे एक वैश्विक 'सांस्कृतिक ब्रांड' बनाना।
- **V. व्यक्तिगत मोर्चा:** हर परिवार में अगली पीढ़ी को मातृभाषा सिखाने का संकल्प, क्योंकि भाषा का पहला विद्यालय घर ही है।

22.3 सत्य और अस्मिता का मार्गदर्शन (पंडित लखमीचंद):

भविष्य की चुनौतियों के बीच अडिग रहने का कालजयी संदेश:

"ईब के होवैगा पछताए तै, बख्त गया हाथ तै लिकड़
साच कहण मैं कदे ना डरियो, चाहे जावै गर्दन पकड़।।"

विश्लेषण: दादा लखमीचंद की यह पंक्ति चेतावनी भी है और पाथेय भी। समय निकल जाने के बाद पश्चाताप निरर्थक होता है। भाषा-निर्माण के संघर्ष में अपनी पहचान और सत्य पर अडिग रहना ही अंतिम सफलता की अनिवार्य शर्त है।

22.4 भविष्य की ललकार (कवि 'आनन्द शाहपुर'):

भाषाई स्वाभिमान और संवैधानिक लक्ष्य की ओर बढ़ते कदम:

" ना झुकणा सै ना रुकणा सै, यो हक म्हारा पाणा सै।
बणकै रहैगी भाषा ईब यो, पूरी दुनिया तै दिखलाणा सै।।
संकल्प स म्हारा ईब यो, आठवीं अनुसूची मैं जाणा सै।।"

विश्लेषण: यह स्वर केवल एक कवि की आकांक्षा नहीं, बल्कि हरयाणवी समाज की सामूहिक इच्छाशक्ति का घोष है। 'आठवीं अनुसूची' का लक्ष्य अब दूर नहीं, बशर्ते संकल्प की यह मशाल जलती रहे।

22.5 अंतिम निष्कर्ष: हमारा उत्तरदायित्व

हरयाणवी भाषा का मार्ग अब प्रशस्त है। बीज बोया जा चुका है—अब इसे संस्थागत संरचना और सतत प्रयास के जल की आवश्यकता है। यह शोध-ग्रंथ केवल भाषाई विवेचन नहीं, बल्कि उस माटी के प्रति हमारे उत्तरदायित्व का घोषणापत्र है। इतिहास साक्षी है कि जो भाषाएँ संकल्प के साथ आगे बढ़ती हैं, विश्व उन्हें ससम्मान स्वीकार करता है।

अध्याय 23: अंतिम मंतव्य — संभावना से समाधान तक

(भाषिक अर्हताएँ, चतुष्कोणीय समाधान और सामूहिक पुरुषार्थ का संकल्प)

23.1 संभावनाओं का धरातल

इस शोध-यात्रा का सबसे महत्त्वपूर्ण निष्कर्ष यह है कि हरयाणवी के भीतर 'भाषा' बनने की सभी आवश्यक अर्हताएँ न केवल विद्यमान हैं, बल्कि पूर्णतः सक्रिय हैं। जिन मानकों के आधार पर विश्व की किसी भी बोली को 'भाषा' का दर्जा प्राप्त होता है, हरयाणवी उन सभी कसौटियों पर खरी उतरती है:

1. **साहित्यिक संभावना:** रागनी, सांग और मौखिक आख्यानों का अक्षुण्ण कोश जो दार्शनिक और नैतिक मूल्यों का वाहक है।

2. **ऐतिहासिक संभावना:** शौरसेनी अपभ्रंश और वैदिक संस्कृत से सीधी भाषिक निरंतरता, जो इसे भारतीय भाषाई परंपरा की एक सशक्त कड़ी सिद्ध करती है।

3. **डिजिटल संभावना:** करोड़ों की डिजिटल पहुँच यह प्रमाणित करती है कि हरयाणवी केवल अतीत की नहीं, बल्कि भविष्य की 'स्मार्ट भाषा' है।

4. **सामाजिक संभावना:** नई पीढ़ी के भीतर अपनी जड़ों के प्रति आत्म-गौरव का पुनर्जागरण ही इस आंदोलन की सबसे सुदृढ़ नींव है।

23.2 समाधान के चार सूत्र (The Core Solutions)

संभावना को समाधान में बदलने के लिए केवल भावनात्मक आग्रह पर्याप्त नहीं है; इसके लिए संगठित और संस्थागत प्रयास आवश्यक हैं:

- **I. संस्थागत समाधान:** 'हरयाणवी साहित्य एवं भाषा आयोग' का गठन अनिवार्य है, जो भाषा को सरकारी और कानूनी संरक्षण प्रदान कर सके।
- **II. शैक्षिक समाधान:** प्राथमिक स्तर पर मातृभाषा-आधारित शिक्षा को अनिवार्य करना, जिससे बच्चों में मौलिक चिंतन और रचनात्मकता का विकास हो सके।
- **III. तकनीकी समाधान:** यूनिकोड फॉन्ट, कीबोर्ड लेआउट और AI-वाणी प्रौद्योगिकी (Speech Technology) में हरयाणवी की सुनिश्चित उपस्थिति।
- **IV. बौद्धिक समाधान:** क्षेत्रीय उप-बोलियों (बाँगरू, बागड़ी, अहीरवाटी) को विखंडन नहीं, बल्कि विविधता की शक्ति मानकर एक 'मानक कोर' (Standard Core) पर सहमति।

23.3 निर्भीक संघर्ष का मार्ग (पंडित लखमीचंद):

कठिन परिश्रम और लक्ष्य-साधना हेतु दादा लखमीचंद का कालजयी मार्गदर्शन:

"ईब के होवैगा पछताए तै, बख्त गया हाथ तै लिकड़।
साच कहण मैं कदे ना डरियो, चाहे जावै गर्दन पकड़॥"

विश्लेषण: दादा लखमीचंद यहाँ पुरुषार्थ की पराकाष्ठा को रेखांकित करते हैं। वे संकेत देते हैं कि जब समय अनुकूल हो (जैसा कि वर्तमान डिजिटल युग है), तब अपनी पहचान और सत्य के लिए निर्भीक होकर किया गया संघर्ष ही सफलता का एकमात्र मार्ग है।

23.4 संकल्प का घोषणापत्र (कवि 'आनन्द शाहपुर'):

अतीत की विरासत और भविष्य के लक्ष्य को जोड़ती ये संकल्पित पंक्तियाँ:

"नए साल तै करो संकल्प, तम्ह रीत पुराणी ल्याणे का।
बोली तै भाषा बण ज्यावै, मान बढ़ै हरियाणे का॥
पाछली गलत्यां नै सुधार कै, पहलड़ा हरयाणा फेर ल्याणा सै॥
यो सफ़र जारी रहैगा, भाषा का हक़ पाणा सै॥
बणकै रहैगी भाषा ईब यो, म्हारे गौरव को फेर जगाणा सै॥"

विश्लेषण: इन पंक्तियों में अतीत की सांस्कृतिक जड़ों और भविष्य के संवैधानिक हक़ (आठवीं अनुसूची) के बीच एक अटूट सेतु निर्मित होता है। यह हरयाणवी भाषा-आंदोलन का वास्तविक घोषणापत्र है।

अंतिम निष्कर्ष: शिलान्यास

"संभावना" बीज है और "समाधान" उसका फल; इन दोनों के मध्य की प्रक्रिया ही **पुरुषार्थ** है। हरयाणवी की जड़ें वैदिक काल जितनी गहरी और सुदृढ़ हैं; अब आवश्यकता है कि उसकी डालियाँ संवैधानिक आकाश

तक विस्तृत हों। यह शोध-ग्रंथ केवल एक पुस्तक नहीं, बल्कि हरयाणवी के भाषिक भविष्य का सुदृढ़ **शिलान्यास** है।

उपसंहारः भाषा माँगी नहीं जाती, बनाई जाती है

(एक ऐतिहासिक संकल्प और सांस्कृतिक क्रांति का घोषणापत्र)

एक ऐतिहासिक संकल्प

हरयाणवी भाषा का निर्माण किसी सरकारी आदेश, अधिसूचना या अनुमोदन की प्रतीक्षा का विषय नहीं है। यह समाज द्वारा गढ़ी जाने वाली एक निरंतर, जीवंत और सामूहिक प्रक्रिया है। इसकी जड़ें लोक-साहित्य की प्राचीनता में हैं और इसकी शाखाएँ डिजिटल युग की आधुनिकता तक विस्तृत हैं। यह शोध-ग्रंथ मात्र भाषिक विश्लेषणों का संकलन नहीं, बल्कि हरयाणवी को उसकी खोई हुई गरिमा और आत्म-विश्वास लौटाने का एक **व्यावहारिक मार्गदर्शक दस्तावेज़** है। अब समय 'याचना' का नहीं, बल्कि 'सृजन' का है—क्योंकि भाषा माँगी नहीं जाती, वह अपने सतत प्रयोग से बनाई जाती है।

हरयाणवी का भविष्य: 2031 का लक्ष्य

यदि समाज संगठित होकर इस शोध की कार्ययोजना पर दृढ़ता से आगे बढ़े, तो वर्ष 2031 तक निम्नलिखित मील-पत्थर (Milestones) प्राप्त किए जा सकते हैं:

- **मानकीकरण:** एक प्रामाणिक व्याकरणिक ढाँचे तथा न्यूनतम **10,000 शब्दों** के मान्य और प्रलेखित शब्दकोश (Mahakosh) का निर्माण।

- **शिक्षा:** प्राथमिक स्तर के कम-से-कम 50% विद्यालयों में हरयाणवी का पाठ्यक्रम अथवा सहायक भाषा के रूप में समावेश।

- **संरक्षण:** रागनी, सांग और लोक-विधाओं की न्यूनतम **10,000 घंटों** की सामग्री का डिजिटल अभिलेखागार।

- **संस्था:** एक सशक्त और स्वायत्त **'हरयाणवी साहित्य बोर्ड'** का गठन, जो अनुसंधान और प्रकाशन का केंद्रीय मंच बने।

लोकभाषा का आत्म-सम्मान: कलंक से गौरव तक

हरयाणवी केवल शब्दों का संयोजन नहीं, बल्कि खापों की स्मृति, खेतों की साँस, श्रम की लय और सामूहिक स्वाभिमान का प्रतीक है। अब आवश्यकता है कि हम 'देहाती' होने के थोपे गए कलंक को उतारकर **'ठेठ' होने के गौरव** को आत्मसात करें। जिस दिन समाज स्वयं को एक स्वतंत्र और सक्षम भाषिक इकाई के रूप में स्वीकार कर लेगा, उस दिन उसे बाहरी मान्यता की प्रतीक्षा नहीं करनी पड़ेगी।

अगली पीढ़ी की जिम्मेदारी: डिजिटल मशाल

15 से 30 वर्ष की युवा पीढ़ी आज डिजिटल माध्यमों की वास्तविक स्वामी है। **#ठेठहरयाणवी** जैसे अभियानों, पॉडकास्ट, रील्स और ऐप्स के माध्यम से यह विरासत जीवित रह सकती है। युवाओं का दायित्व है कि

वे बुजुर्गों से इस मौखिक परंपरा को ग्रहण करें और उसे आधुनिक तकनीक के सांचे में ढालकर संरक्षित करें। भाषा-निर्माण वस्तुतः **पीढ़ीगत निरंतरता** का प्रश्न है।

अंतिम आह्वान: घोषणापत्र का सार

हरयाणवी समाज के समक्ष आज एक ऐतिहासिक अवसर उपस्थित है। यह शोध-ग्रंथ केवल एक प्रारंभिक अकादमिक दस्तावेज़ नहीं, बल्कि एक सांस्कृतिक क्रांति का घोषणापत्र है। भाषा माँगने का समय समाप्त हो चुका है; अब **निर्माण** का समय प्रारंभ हो चुका है।

"म्हारी बोली, म्हारी शान — अब बणकै रहैगी भाषा महान!" जय हरयाणवी! जय हरियाणा!

उत्तरकथन / अकादमिक समीक्षा (Afterword / Academic Review)

— डॉ. पुष्पा
(प्राध्यापक एवं विभागाध्यक्ष, हिंदी विभाग,
महर्षि दयानंद विश्वविद्यालय, रोहतक)

किसी भी गंभीर शोध-ग्रंथ की वास्तविक सार्थकता उसके समापन के बाद आरंभ होती है, जब वह पाठकों और शोधार्थियों के बीच एक विमर्श को जन्म देता है। **"हरयाणवी: बोली से भाषा तक का भाषाई सामर्थ्य — एक शोध"** के पूर्ण पाठ से गुजरने के बाद, एक अकादमिक पर्यवेक्षक के रूप में मेरा यह मंतव्य है कि यह कृति पारंपरिक भाषाई सीमाओं को तोड़ने का एक सफल प्रयास है।

इस शोध की सबसे बड़ी विशेषता इसका **'क्षेत्रीय भाषा शास्त्र' (Regional Linguistics)** के प्रति एक नया और आधुनिक दृष्टिकोण है। लेखक ने केवल व्याकरणिक संरचनाओं का संकलन नहीं किया है, बल्कि हरयाणवी को 'सांस्कृतिक पारिस्थितिकी' (Cultural Ecology) के एक अनिवार्य अंग के रूप में स्थापित किया है। यह ग्रंथ यह सिद्ध करने में सफल रहा है कि भाषा का जीवित रहना केवल शब्दों के संरक्षण में नहीं, बल्कि उसके सामाजिक व्यवहार और उसकी निरंतरता में निहित है।

विश्वविद्यालयी स्तर पर, यह अध्ययन **'भाषा और बोली'** के उस औपनिवेशिक द्वैत को चुनौती देता है जिसने क्षेत्रीय भाषाओं को हाशिए

पर रखा। आनन्द शाहपुर का यह कार्य हिंदी विभागों में शोध कर रहे अध्येताओं के लिए एक **'वैचारिक फ्रेमवर्क'** प्रदान करता है। यह स्पष्ट करता है कि जब कोई बोली अपने लोक-साहित्य और जन-चेतना के माध्यम से एक वैधानिक मांग का रूप लेती है, तो वह 'भाषा' की श्रेणी की ओर संक्रमण (Transition) करती है।

अकादमिक दृष्टि से, इस ग्रंथ का सबसे महत्वपूर्ण योगदान इसका **'तुलनात्मक साक्ष्य'** खंड है। लेखक ने भावुकता के स्थान पर तर्क और ऐतिहासिक निरंतरता (Historical Continuity) को आधार बनाया है। एक विभागाध्यक्ष के रूप में, मैं इस शोध को 'क्षेत्रीय भाषा अध्ययन' (Regional Language Studies) और 'लोक-साहित्य विमर्श' के लिए एक **संदर्भ ग्रंथ (Reference Text)** के रूप में उपयुक्त मानती हूँ। यह ग्रंथ पाठ्यक्रम निर्माण और वैकल्पिक पाठ्य-सामग्री के लिए एक प्रामाणिक आधार तैयार करता है।

विशेष रूप से उल्लेखनीय है शोध का अंतिम खंड, जो **डिजिटल-मानकीकरण** और **यूनिकोड** जैसी तकनीकी आवश्यकताओं पर बल देता है। यह इस बात का संकेत है कि लेखक हरयाणवी को केवल अतीत की 'धरोहर' नहीं, बल्कि भविष्य की 'सक्रिय तकनीक' के रूप में देखते हैं। यह इस अध्ययन को मात्र ऐतिहासिक न रखकर 'समकालीन' (Contemporary) बनाता है।

अंततः, यह उत्तरकथन इस शोध की पूर्णता की पुष्टि करता है। यह ग्रंथ हरयाणवी भाषा के संदर्भ में एक समापन वक्तव्य नहीं, बल्कि एक **'नया अकादमिक प्रस्थान'** है। यह पाठकों को निष्कर्षों पर विश्राम करने के बजाय, नए शोध और रचनात्मक हस्तक्षेपों की दिशा में सक्रिय करता है।

इसी अर्थ में, यह शोध अपनी अकादमिक और सामाजिक जिम्मेदारी का पूर्ण निर्वाह करता है।

डॉ. पुष्पा
प्राध्यापक एवं विभागाध्यक्ष
हिंदी विभाग
महर्षि दयानंद विश्वविद्यालय, रोहतक

Bibliography / संदर्भ ग्रन्थ-सूची

स्रोतों पर विस्तृत टिप्पणी (Note on Sources)

यह शोध-ग्रंथ **त्रि-आयामी (Three-dimensional)** शोध प्रविधियों पर आधारित है:

1. **प्राथमिक स्रोत (Primary Sources):** इसमें स्वयं लेखक (आनन्द कुमार आशोधिया) द्वारा रचित हरयाणवी महाकाव्य, रागनी संग्रह और पिंगल समीक्षाएँ सम्मिलित हैं, जो इस शोध के लिए 'लिविंग डेटा' (Living Data) का कार्य करती हैं।

2. **द्वितीयक स्रोत (Secondary Sources):** इसमें भाषाविज्ञान, व्याकरण और समाजशास्त्रीय सर्वेक्षणों (जैसे SIL International और PLSI) का समावेश है।

3. **मौखिक साक्ष्य (Oral Traditions):** हरियाणा की लोक-परंपरा, सांग-मंचों और ग्रामीण संवादों से प्राप्त 'वाचिक इतिहास' (Oral History) को इसमें वैज्ञानिक रूप से समाहित किया गया है।

A. लेखक की स्वयं की कृतियाँ (Primary Works by Anand Kumar Ashodhiya)

(इन कृतियों को इस शोध में हरयाणवी भाषा के आधुनिक साहित्यिक मानक के रूप में प्रयुक्त किया गया है)

- **आशोधिया, आनन्द कुमार।** *अधराजण (परिवर्धित द्वितीय संस्करण)* — हरयाणवी लोक महाकाव्य (रागनी शैली)। अविकावनी पब्लिशर्स, 2025। (ISBN: 978-93-5469-116-4)।

- **आशोधिया, आनन्द कुमार।** *थारा मुद्दा थारी बात* — आधुनिक हरयाणवी कविताएँ। एस. जैन पब्लिकेशन, 2025। (ISBN: 978-81-989952-2-3)।

- **आशोधिया, आनन्द कुमार।** *किस्सा भगत पूरणमल* — हरयाणवी लोक रागणी संग्रह (पिंगल समीक्षा एवं शास्त्रीय विवेचन सहित)। एस. जैन पब्लिकेशन, 2025। (ISBN: 978-81-989952-8-5)।

- **आशोधिया, आनन्द कुमार।** *हीर राँझा* — हरयाणवी लोक रागणी संग्रह (पिंगल समीक्षा सहित)। अविकावनी पब्लिशर्स, 2025। (ISBN: 978-81-989952-9-2)।

- **आशोधिया, आनन्द कुमार।** *अविकावनी हरयाणवी रागणी संग्रह* (समीक्षा एवं पाठ-विश्लेषण सहित)। अविकावनी पब्लिशर्स, 2025। (ISBN: 978-93-344-2403-4)।

- **आशोधिया, आनन्द कुमार।** *द्रौपदी: एक लोक चेतना* — रागनी, समीक्षा और पुनर्पाठ। अविकावनी पब्लिशर्स, 2025। (ISBN: 978-93-344-4058-4)।

B. व्याकरण, कोश एवं भाषाई संरचना (Grammar, Lexicons & Dictionaries)

- **कौशिक, जय नारायण।** *हरियाणवी-हिन्दी कोश*। हरियाणा साहित्य एवं संस्कृति अकादमी, पंचकूला, 2015।
- **जोसेफ, ई. (ICS) एवं यादव, कृपाल चन्द्र (संपा.)।** *Haryanavi-English, English-Haryanavi Dictionary: A Lexical Presentation of Language, Lore, and Life*। हरियाणा लोक प्रशासन संस्थान (HIPA), 2007।
- **मिश्रा, नरेश।** *हरियाणवी-हिन्दी शब्दकोश*। संजय प्रकाशन, नई दिल्ली।
- **यादव, डॉ. बिशन सिंह।** *हरियाणवी-हिन्दी शब्दकोश* (दो खंडों में)। (व्यापक द्विभाषी संदर्भ)।
- **अज्ञात (हस्तलिखित)।** *हरयाणवी व्याकरण* (अमेज़न पर सूचीबद्ध प्रारंभिक पाठ)।

C. अकादमिक सर्वेक्षण एवं समाज-भाषाविज्ञान (Sociolinguistic & Academic Surveys)

- **SIL International (2024).** *Sociolinguistic Survey of Haryanvi*। (बोलीगत विविधता, द्विभाषिकता और शब्दावली स्तरीकरण पर आधारित रिपोर्ट) ।
- **देवी, सुमन एवं मिश्रा, उमा (2021).** "Dialectical Variation in Haryanvi Language: A Comparative Study" (शोध-पत्र) ।

- **देवी, जी. एन. एवं सिंह, मधु (संपा.)।** *People's Linguistic Survey of India (PLSI): The Languages of Haryana*। ओरिएंट ब्लैकस्वान।

- **राम, डॉ. बाबू।** *हरियाणवी और हिंदी: तुलनात्मक भाषा-अध्ययन*। (हिंदी-हरयाणवी के भाषाई संबंधों का विश्लेषण)।

- **संगीता (2020).** *Linguistic Analysis of Haryanwi Language*। (हरयाणवी शब्दावली और वाक्य-विन्यास का तुलनात्मक अध्ययन) ।

D. लोक-साहित्य एवं ऐतिहासिक विमर्श (Folk Literature & Historical Discourse)

- **बेचैन, डॉ. वी. एम.** *हरियाणवी भाषा, लोक-संस्कृति और ऐतिहासिक चेतना*। (हरयाणवी को स्वतंत्र भाषाई निरंतरता के रूप में स्थापित करने वाला आधारभूत कार्य)।

- **गौर, डॉ. पूर्णमल।** *हरियाणवी साहित्य और लोक-परंपरा*। हरियाणा साहित्य अकादमी।

- **धुल, एल.** "Narrative and Structural Similarities Among Haryanvi Folktales" (लोक-कथा विश्लेषण) ।

- **रसेल, जेसी।** *Haryanvi Language*। (वर्गीकरण और ऐतिहासिक संदर्भ)। (ISBN: 9785510973488)।

- **Journal of Haryana Studies.** महर्षि दयानन्द विश्वविद्यालय, रोहतक (विभिन्न अंक)।

E. सैद्धांतिक एवं सहायक ग्रंथ (Theoretical & Secondary Resources)

- **बहरी, हरदेव।** *हिन्दी ग्रामीण बोलियाँ*। (तुलनात्मक बोली-विज्ञान के लिए)।
- **ग्रियर्सन, जॉर्ज अब्राहम।** *Linguistic Survey of India* (Vol. IX, Part I - Western Hindi)।
- **अकादमिक शोध-पत्र।** "A Comparative Syntactic Analysis of English and Haryanvi" (पद्धतिगत संदर्भ के लिए)।

आभार (Acknowledgement)

(Acknowledgements)

यह शोध-ग्रंथ किसी एक एकाकी मस्तिष्क की उपज नहीं है, बल्कि यह उन असंख्य **साधकों, सांग-शिल्पियों, लोक-कवियों और गंभीर मनीषियों** के सामूहिक पुरुषार्थ का अर्घ्य है, जिन्होंने हरयाणवी माटी की शब्दावली को सहेजने के लिए अपना जीवन समर्पित कर दिया। यह कृति उस साझा ऐतिहासिक स्मृति और भाषाई संघर्ष को समर्पित एक विनम्र दस्तावेज़ है।

वैचारिक और अकादमिक कृतज्ञता

मैं विशेष रूप से **डॉ. वी. एम. बेचैन** के प्रति अपनी गहन कृतज्ञता ज्ञापित करता हूँ। उनके प्रखर ऐतिहासिक और भाषिक विश्लेषण ने ही उस वैचारिक कुहासे को छाँटा, जिसने हरयाणवी को एक 'विकृत बोली' के चश्मे से देखा था। उनका कार्य इस शोध की आधारशिला है।

अकादमिक सुदृढ़ता हेतु मैं **डॉ. पूर्ण चन्द शर्मा, डॉ. नानक चन्द शर्मा, राजा राम शास्त्री, डॉ. रामफल चहल** तथा **बिशम्भर नाथ कौशिक** जैसे मनीषियों का ऋणी हूँ। इन विद्वानों ने हरयाणवी व्याकरण और सांग-परंपरा को वह शास्त्रीय स्वरूप प्रदान किया, जिसके बिना कोई भी आधुनिक शोध दिशाहीन होता। इतिहास की बारीकियों हेतु **के. सी. यादव** और **उदयभानु हंस** की लेखनी मेरा मार्ग प्रशस्त करती रही।

लोक-परंपरा के अमर स्तंभों को नमन

यह ग्रंथ उन अलौकिक प्रतिभाओं के चरणों में श्रद्धा सुमन अर्पित करता है, जिनकी वाणी से हरयाणवी भाषा का अभिषेक हुआ:

- **कवि शिरोमणि बाजे भगत, सूर्य-कवि दादा लखमी चंद, दीप चंद बाहमण, पंडित मांगे राम, जनकवि मेहर सिंह व दयाचंद मायना :** जिनके सांग और रागनियां हरयाणवी चेतना का सार्वभौमिक संविधान हैं। जिन्होंने लोक-छंदों को सामाजिक विमर्श और शिक्षा का संस्कार दिया।

समकालीन संबल और संस्थागत सहयोग

आधुनिक भाषाई विमर्श और अकादमिक संतुलन हेतु मैं **डॉ. बाबू राम** (रोहतक), **डॉ. पूर्णमल गौड़** (पंचकूला) तथा **प्रोफेसर डॉ. पुष्पा** (एम.डी.यू. रोहतक) का विशेष आभारी हूँ। आप जैसे विद्वानों के दृष्टिकोण ने इस शोध को एक 'क्रिटिकल' गहराई प्रदान की है।

मैं **हरियाणा साहित्य अकादमी, पंचकूला** और उन सभी संस्थानों का भी कृतज्ञ हूँ, जिन्होंने 'हरियाणा साहित्य रत्न' और 'पंडित लखमी चंद सम्मान' जैसे मंचों के माध्यम से इस भाषा के स्वाभिमान को जीवित रखा। साथ ही, **SIL International** और **Journal of Haryana Studies** के साक्ष्य इस शोध को वैश्विक धरातल पर प्रतिष्ठित करते हैं।

लोक-मानस को नमन

इस ग्रंथ की वास्तविक आत्मा उन **चौपालों, ग्राम्य बुजुर्गों की स्मृतियों और अनगिनत लोक-गायकों** की आवाज़ों में बसती है। उन ज्ञात-अज्ञात साधकों को सादर नमन, जिनकी वाचिक परंपरा ने हरयाणवी को कागजों से इतर धड़कनों में जीवित रखा।

अंततः, यह समर्पण उस हरयाणवी समाज के नाम है, जिसकी माटी की सोंधी गंध इन शब्दों में रची-बसी है। यह यात्रा मेरी नहीं, हमारी है।

लेखक के बारे में

आनन्द कुमार आशोधिया

(हरयाणवी साहित्य में : कवि आनन्द शाहपुर)

आनन्द कुमार आशोधिया समकालीन भारतीय साहित्य के एक प्रखर हस्ताक्षर, कुशल अनुवादक और सांस्कृतिक अध्येता हैं। भारतीय वायु सेना में **वॉरंट ऑफिसर** के रूप में 32 वर्षों की गौरवशाली राष्ट्र-सेवा के उपरांत, उन्होंने अपना जीवन साहित्य और लोक-संस्कृति के पुनरुद्धार के लिए समर्पित कर दिया है।

अन्नामलाई विश्वविद्यालय से अंग्रेज़ी साहित्य में स्नातकोत्तर (M.A.) आनन्द जी का लेखन लोक-परंपरा और शास्त्रीय अनुशासन का एक अनूठा सेतु है। उन्होंने **380 से अधिक मौलिक रचनाओं** और अनेक शोधपरक पुस्तकों के माध्यम से हरयाणवी लोक-साहित्य, विशेषकर **पिंगल (छंदशास्त्र)** और **रागणी** को अकादमिक जगत में प्रतिष्ठित किया है।

साहित्यिक दृष्टि: हरियाणा के सोनीपत जनपद के ऐतिहासिक गाँव **शाहपुर तुर्क** में जन्मे और वर्तमान में मुंबई को अपनी कर्मभूमि बनाने वाले आनन्द जी का लेखन 'अस्मिता की खोज' का पर्याय है। उनकी कृतियाँ न केवल लोक-इतिहास और सामाजिक नैतिकता को स्वर देती हैं, बल्कि 'साकेत' जैसी कालजयी कृतियों का अंग्रेज़ी **Trans-creation** कर भारतीय साहित्य को वैश्विक मंच भी प्रदान करती हैं। वे क्षेत्रीय भाषाओं की साहित्यिक गरिमा को संरक्षित रखते हुए उन्हें आधुनिक तकनीकी और अकादमिक संदर्भों से जोड़ने के मिशन पर कार्यरत हैं।

प्रमुख प्रकाशित कृतियाँ

- **हरयाणवी साहित्य:** अधराजण (लोक महाकाव्य), थारा मुद्दा थारी बात (कविताएँ), किस्सा भगत पूरणमल, हीर राँझा, द्रौपदी: एक लोक चेतना (पुनर्पाठ), अविकावनी हरयाणवी रागणी संग्रह।

- **हिंदी एवं प्रतीकात्मक साहित्य:** प्रेम के सौ रंग, *सैन समाज का गौरवशाली इतिहास,* अथ मार्जरिका उवाच।

- **अनुवाद एवं वैश्विक साहित्य:** SĀKET (English Trans-creation), Antaryātrā, Kahaan Kahaan Paiband Lagau, NISWARTHI UDYOGA PARVA (English Translation)।

सम्मान एवं उपलब्धियाँ

साहित्य और लोक-संस्कृति के प्रति उनकी अनवरत साधना हेतु उन्हें अनेक प्रतिष्ठित सम्मानों से विभूषित किया गया है, जिनमें प्रमुख हैं:

- **हरयाणवी साहित्य रत्न (2025)** — हरयाणवी साहित्यिक मंच, रोहतक।

- **हरियाणा संस्कृति गौरव रत्न** — म्हारी संस्कृति म्हारा स्वाभिमान, भिवानी।

- **कारगिल गौरव विजय सम्मान** — दिव्यालय साहित्यिक पटल, पटना।